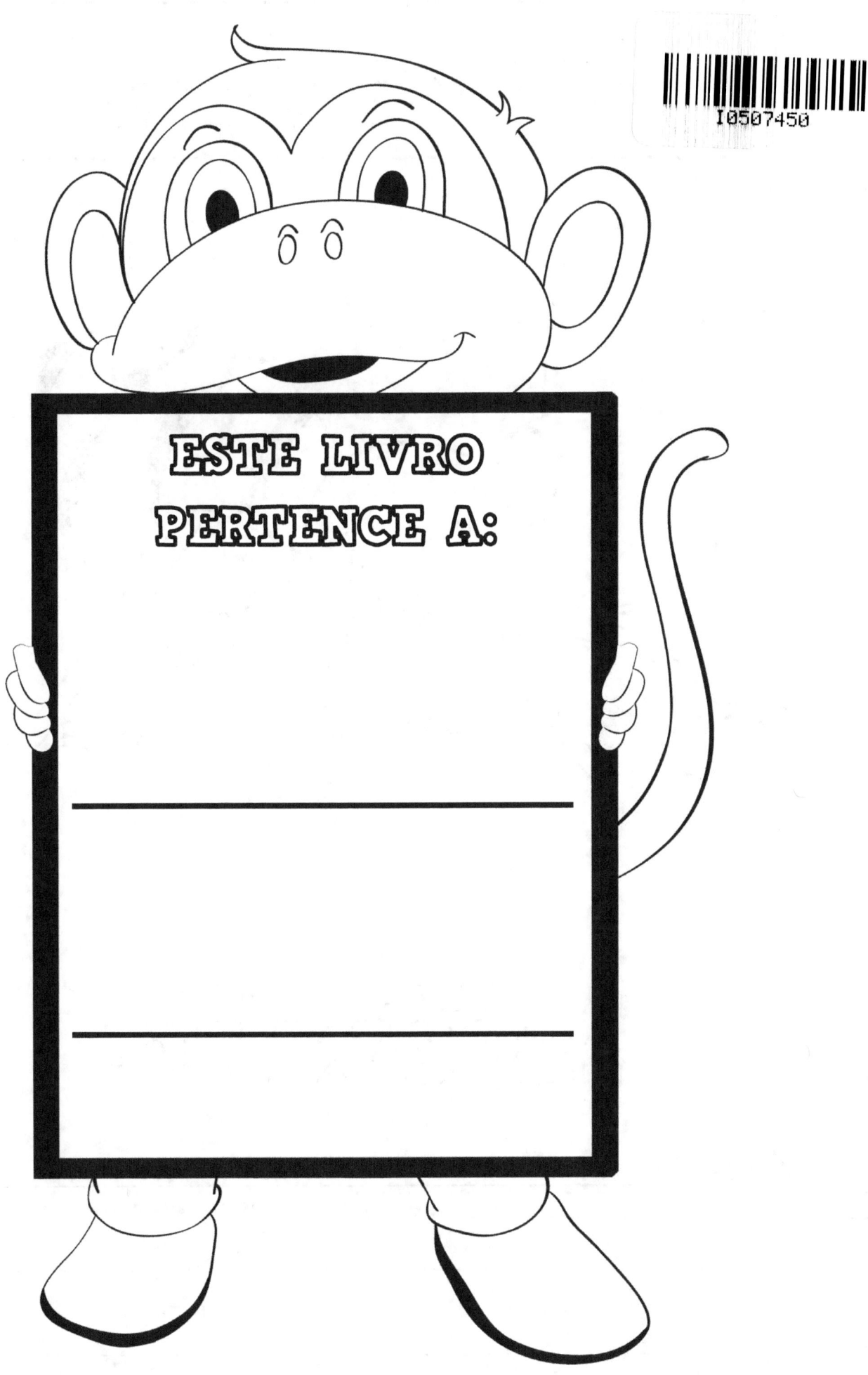

Formiga

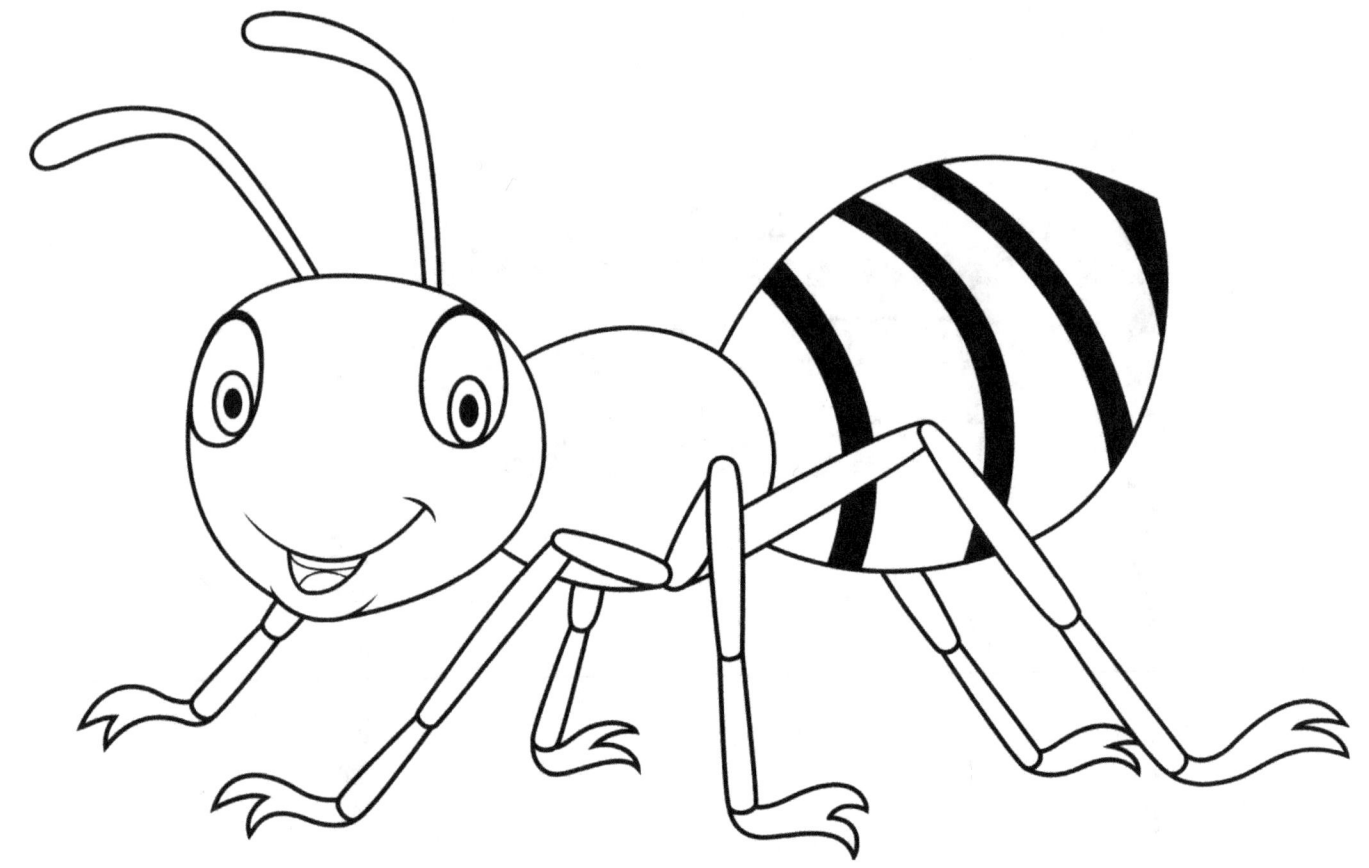

Mrówka

Mrówka
_____

_____

Maçã

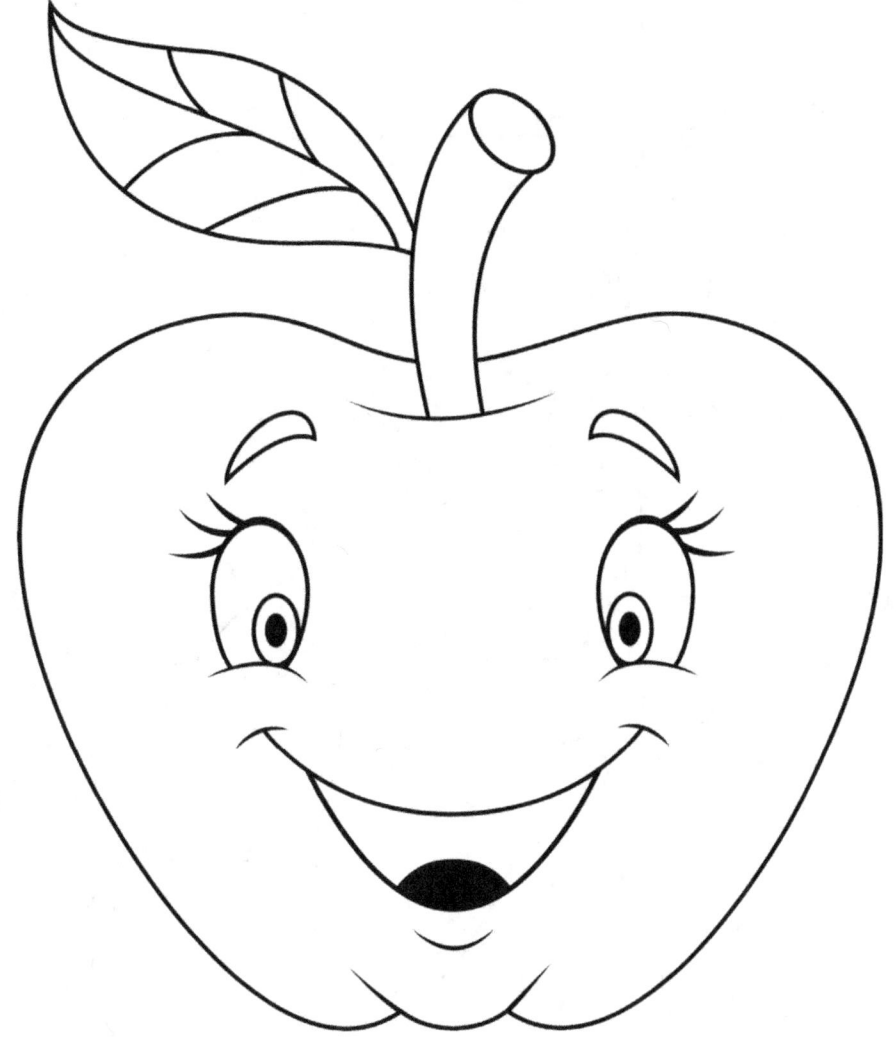

Jabłko

Jabłko

Astronauta

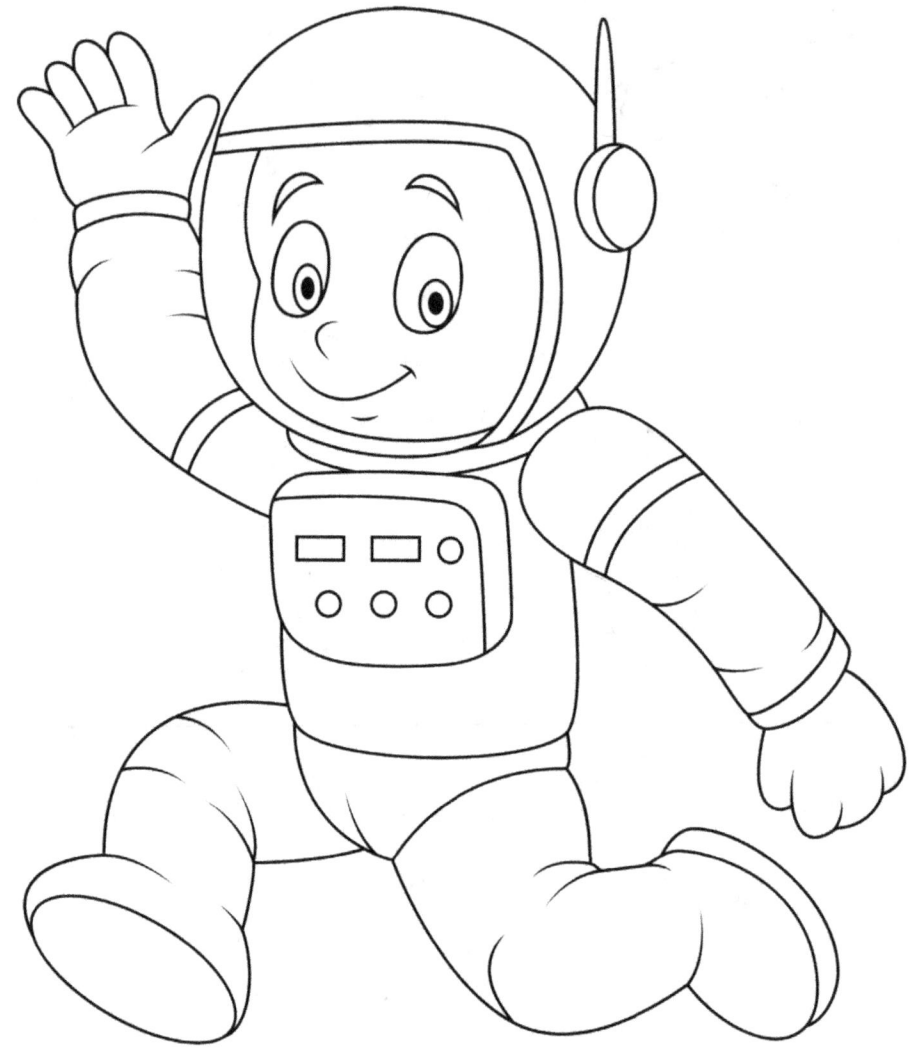

Astronauta

Astronauta
_____
_____

Banana

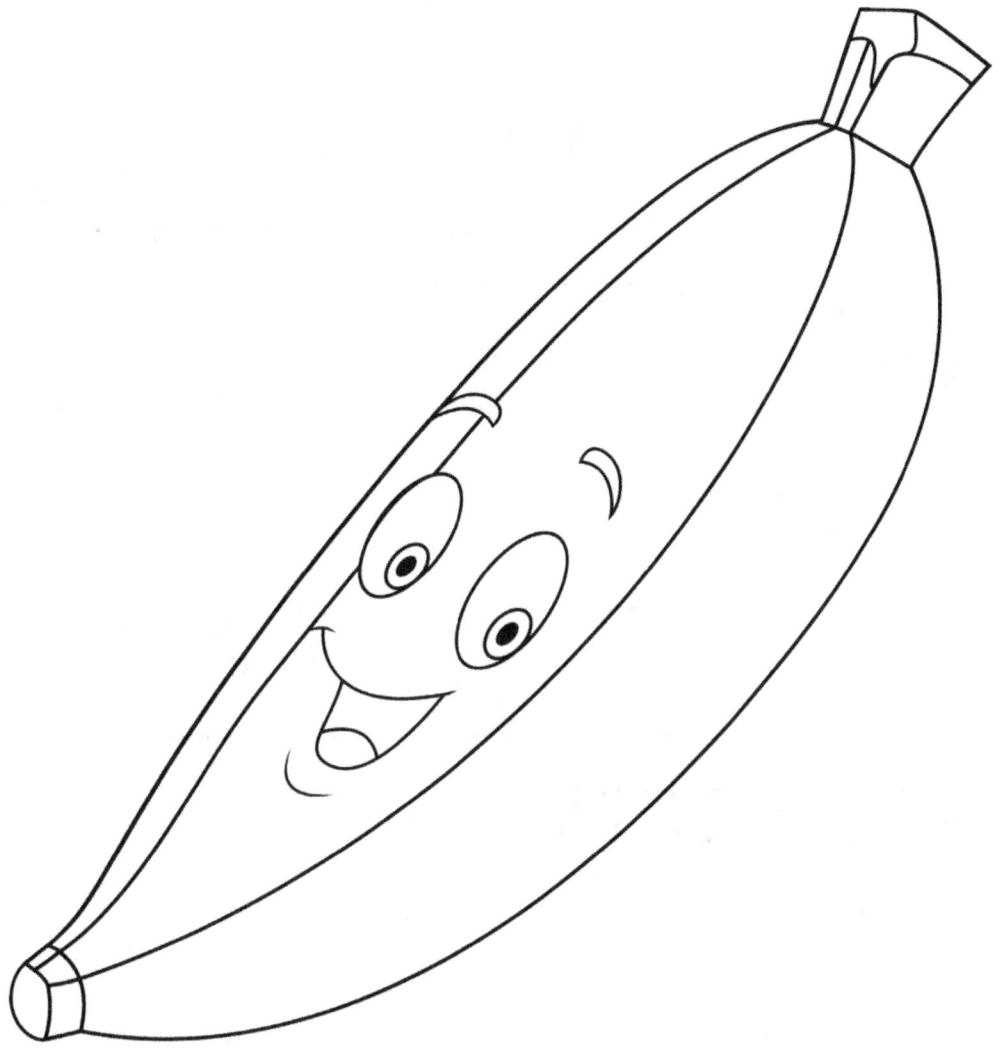

Banan

Banan
_____
_____
_____

Formiga

M__wka

Maçã

Jabł_o

Astronauta

Ast_onaut_

Banana

B__an

Urso

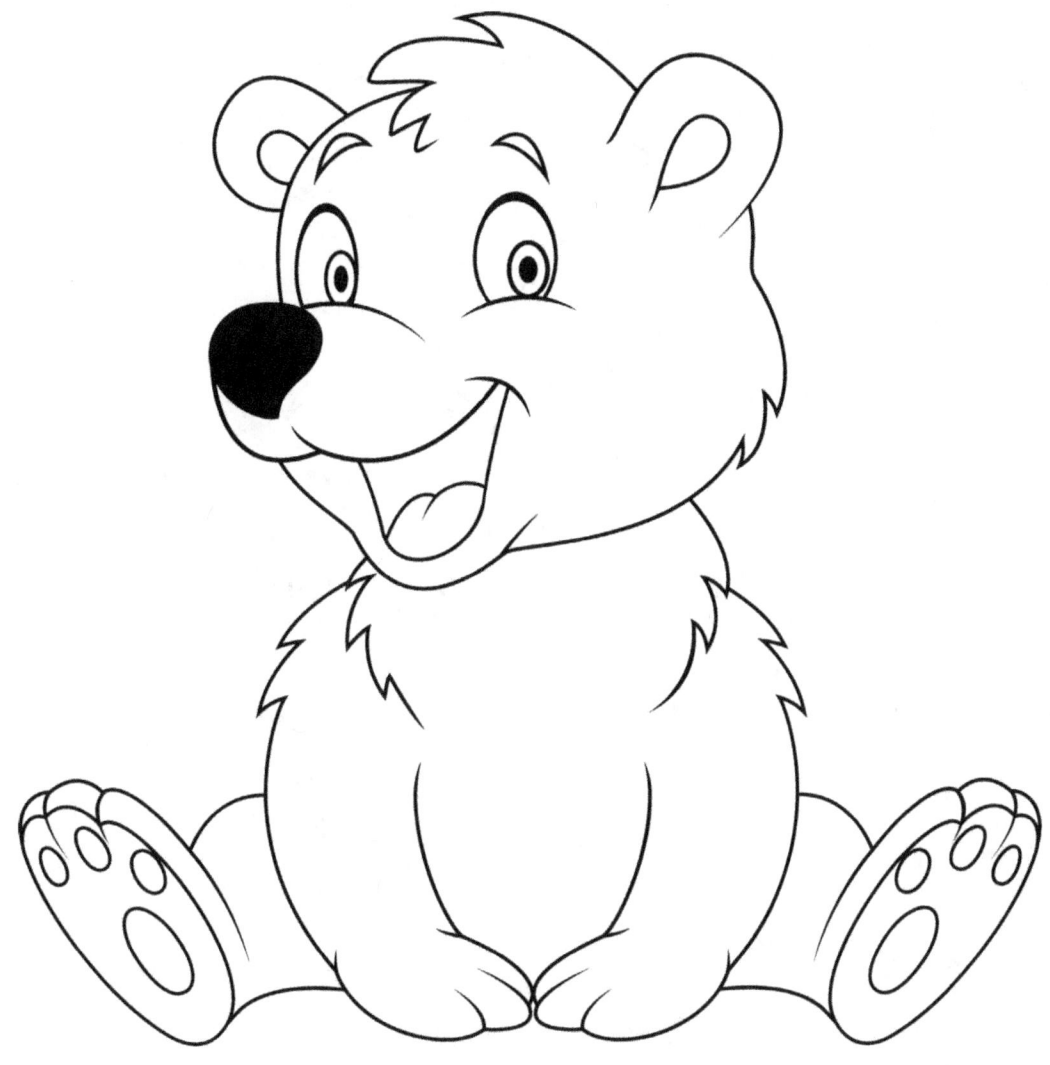

Niedźwiedź

Niedźwiedź

Livro

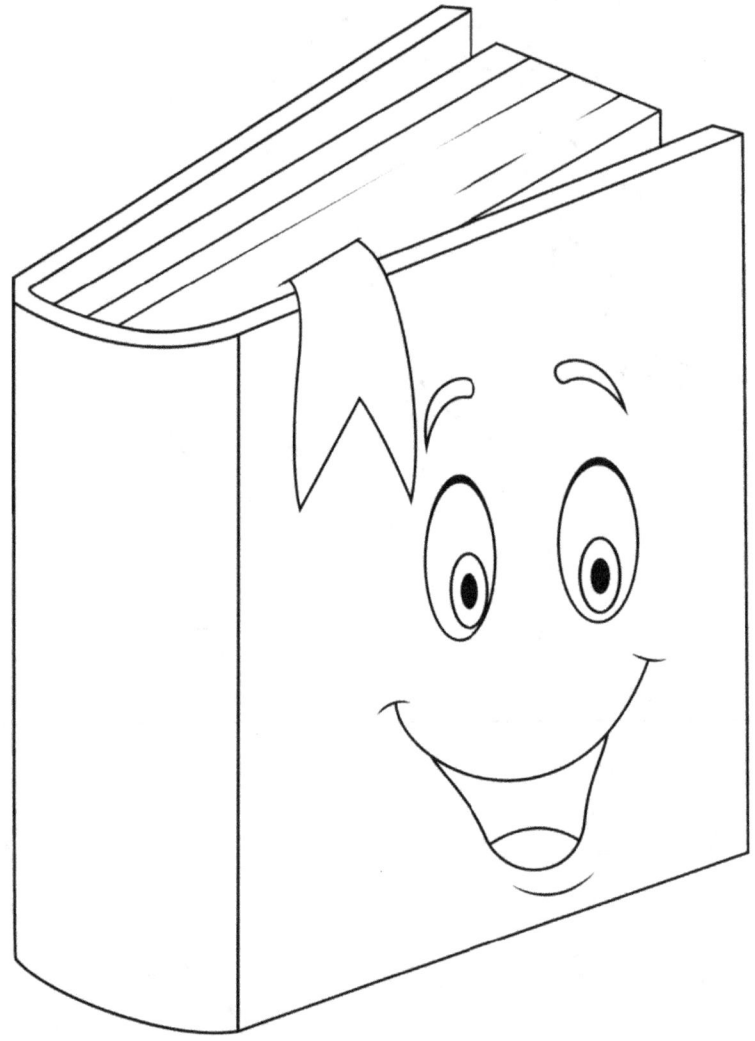

Książka

Książka
_____
_____
_____

Carro

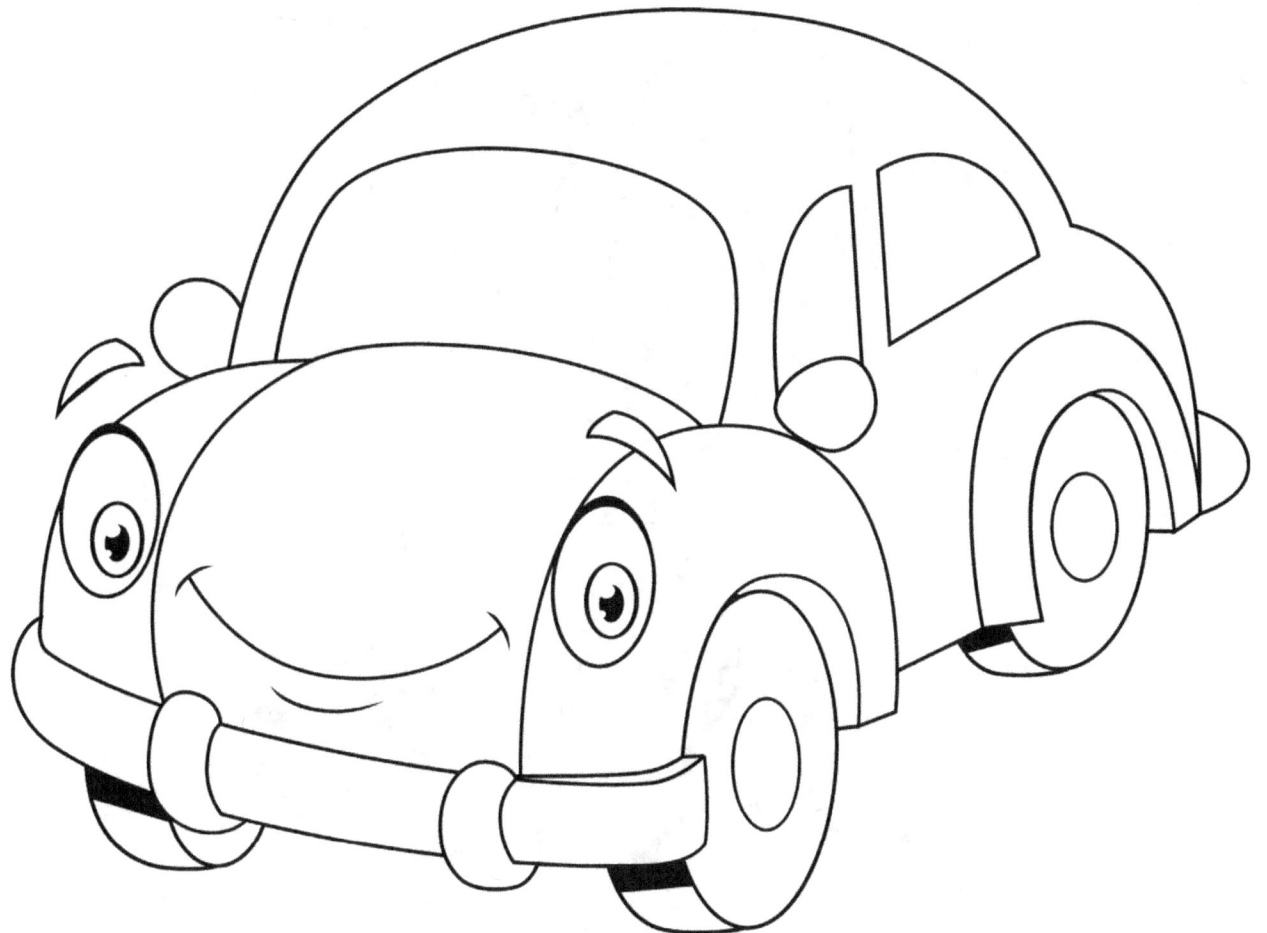

Samochód

Samochód

Gata

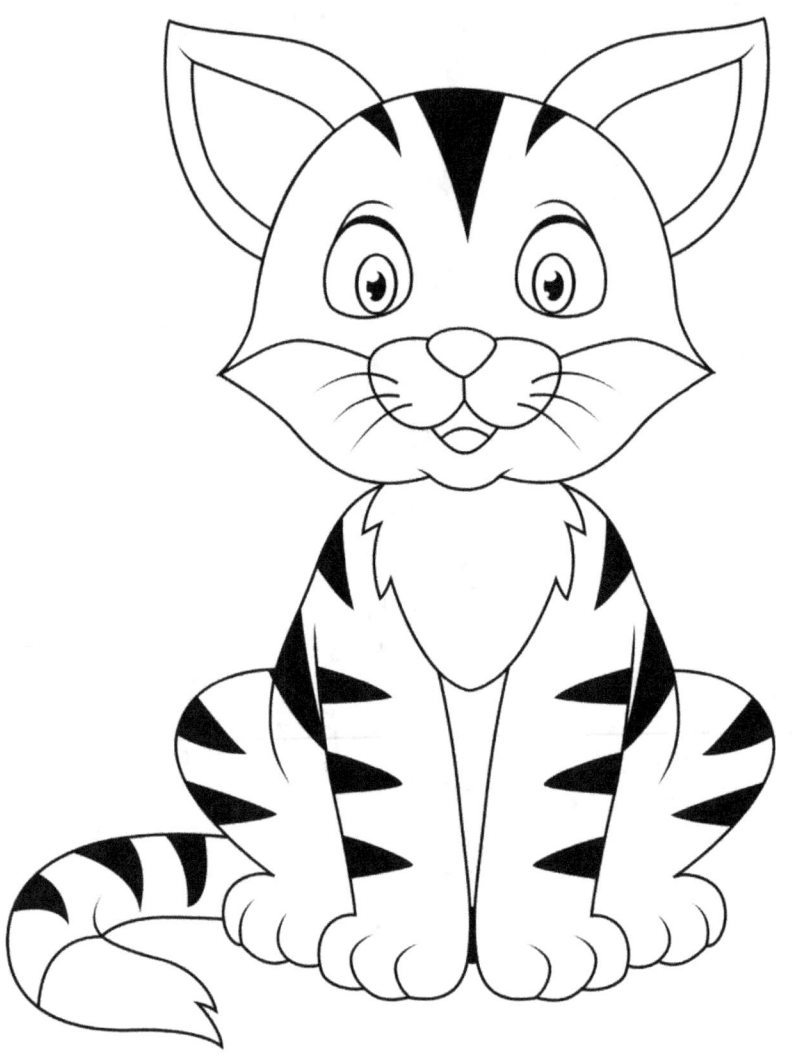

Kot

Kot

Urso	**Niedźwiedź**
Livro	**Książka**
Carro	**Samochód**
Gata	**Kot**

Milho

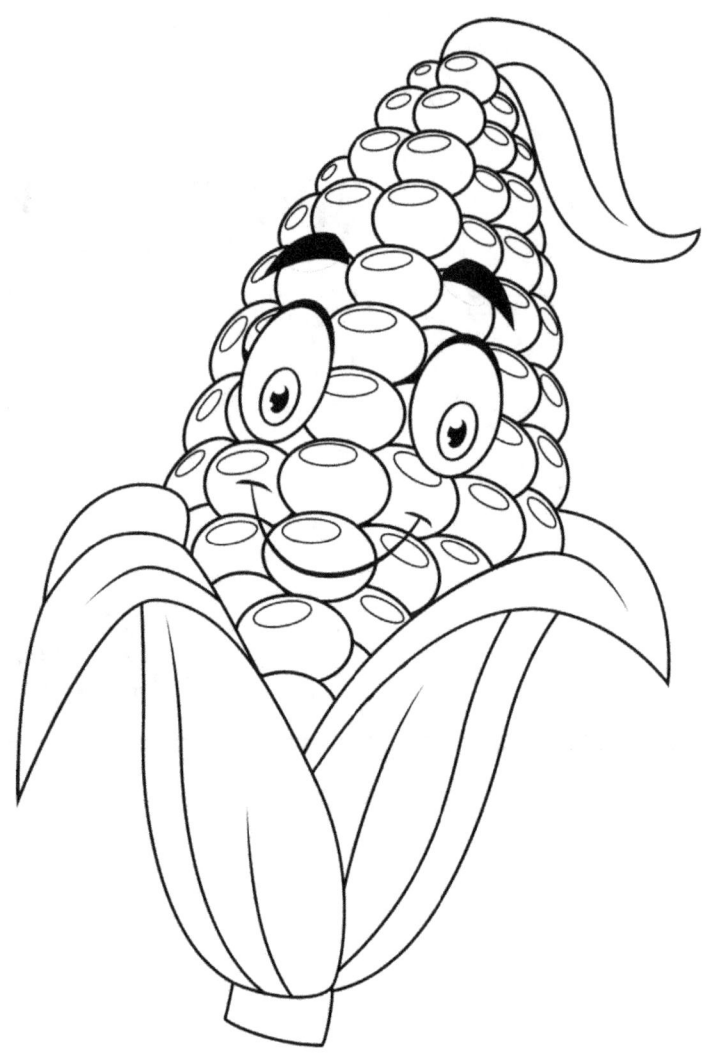

Kukurydza

Kukurydza
___
___

Cachorro

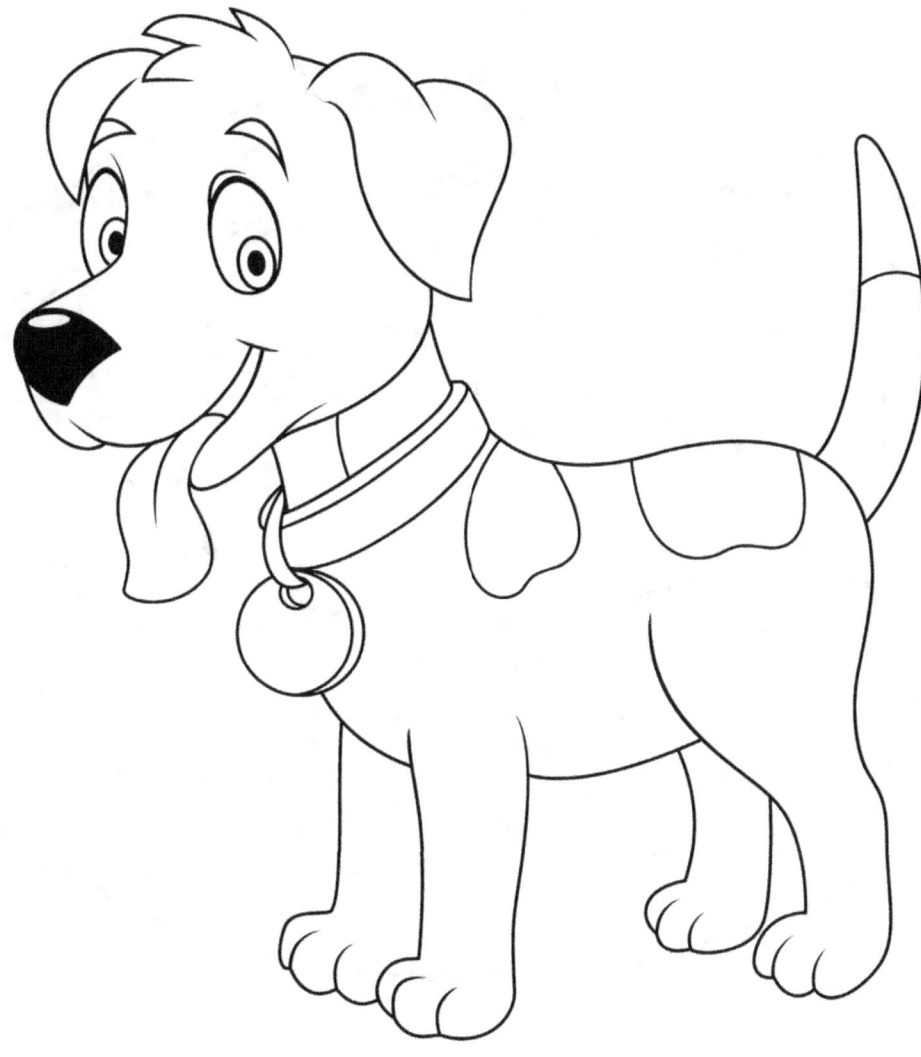

Pies

Pies
_____

_____

_____

Rosquinha

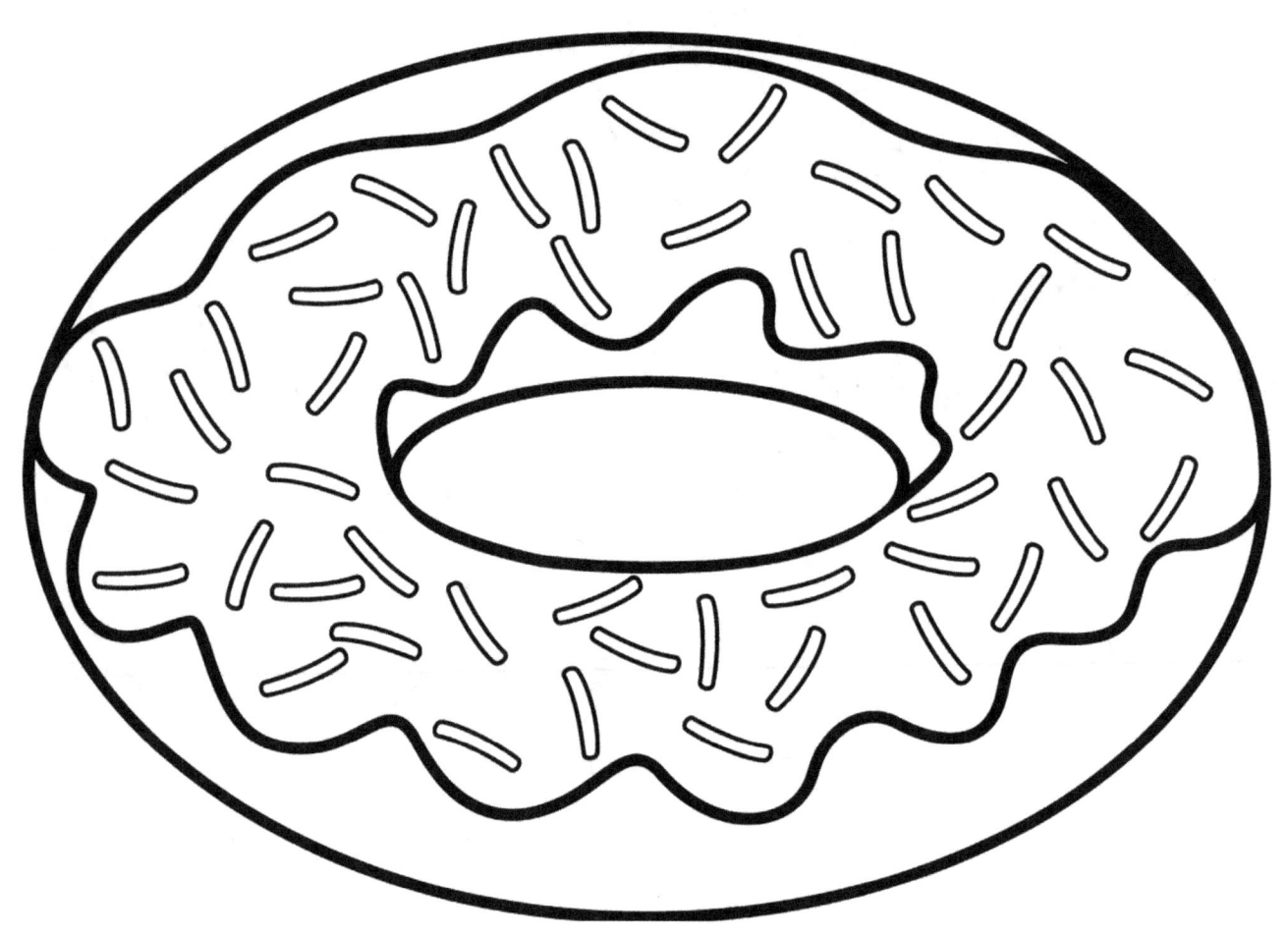

Pączek

Pączek
_____
_____
_____

Tambor

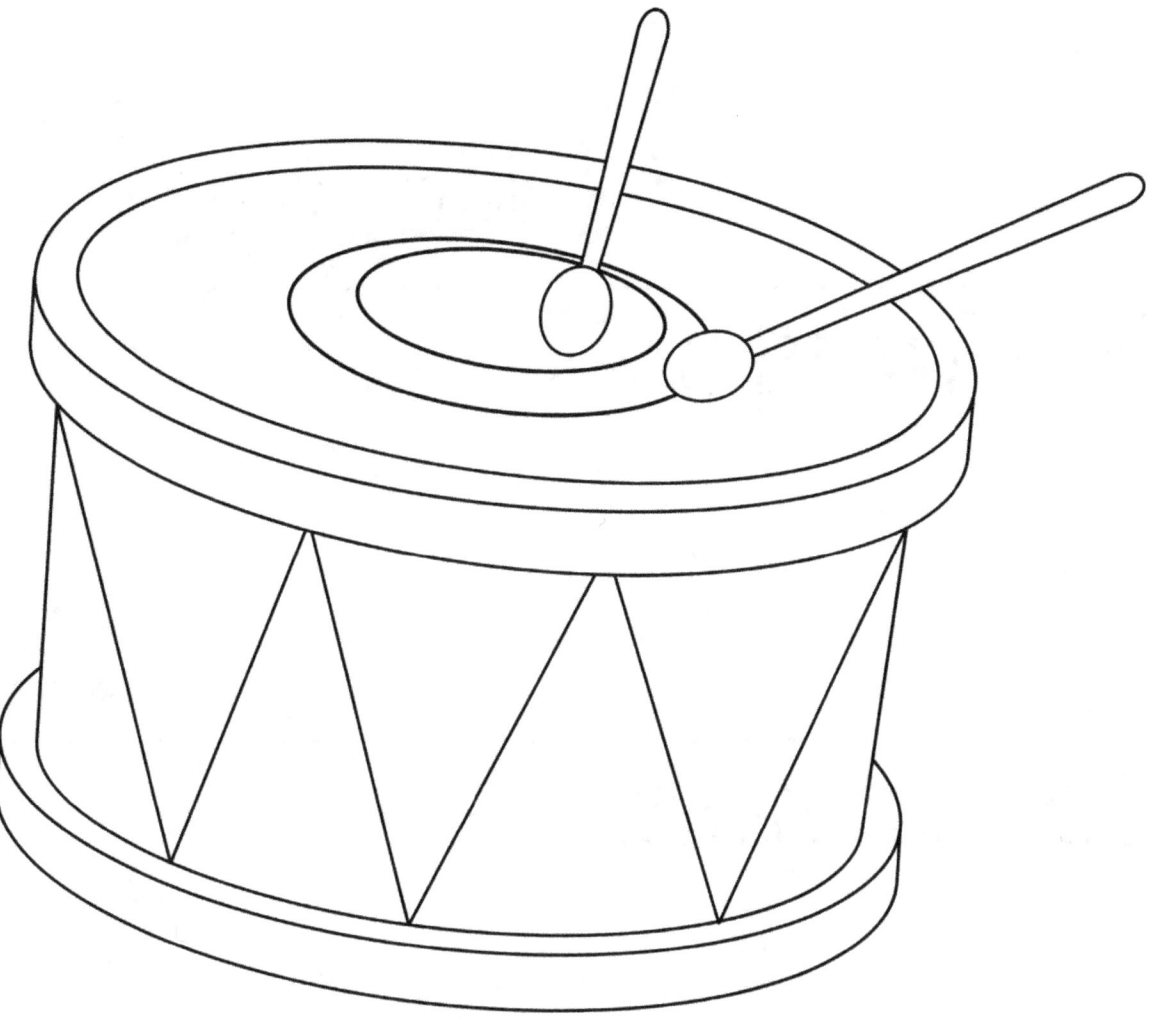

Bęben

Bęben

Milho

Ku_ur_dza

Cachorro

_ies

Rosquinha

_ączek

Tambor

__ben

Caracol

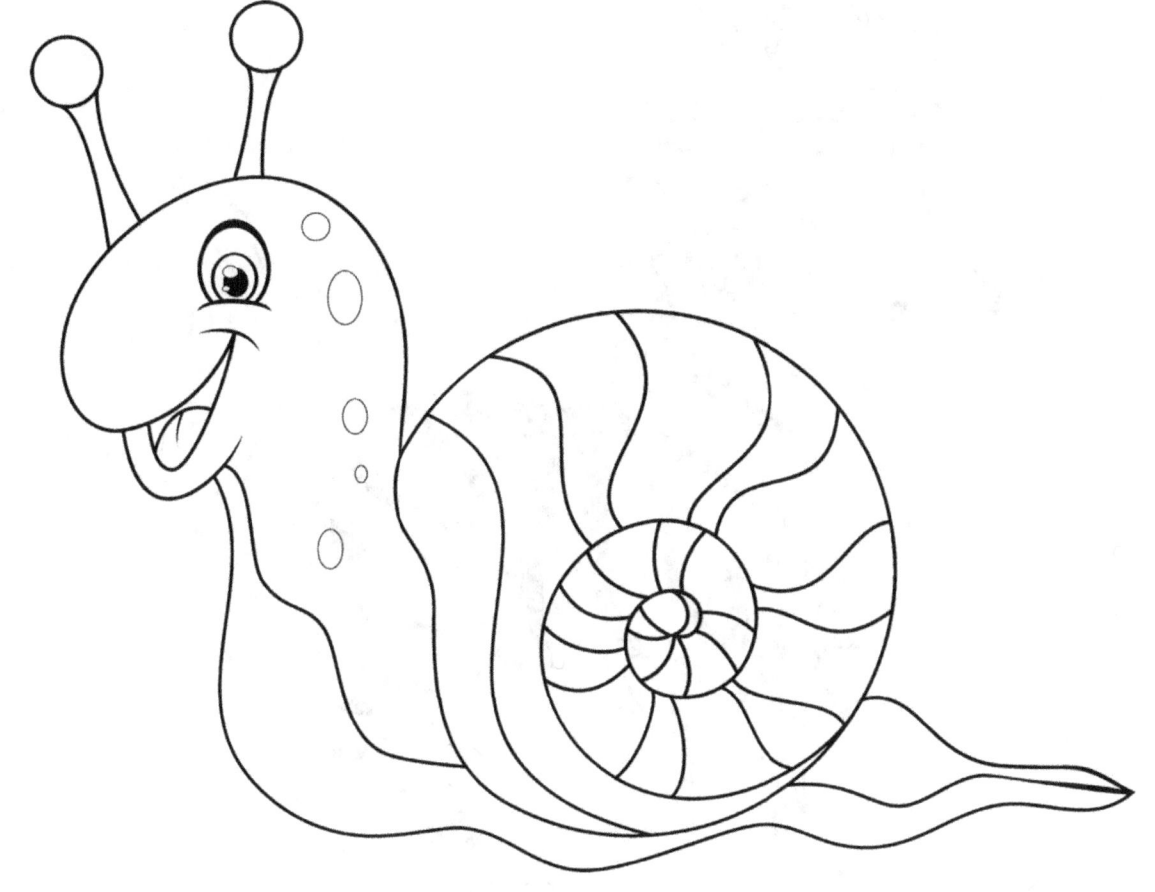

Ślimak

Ślimak

Zebra

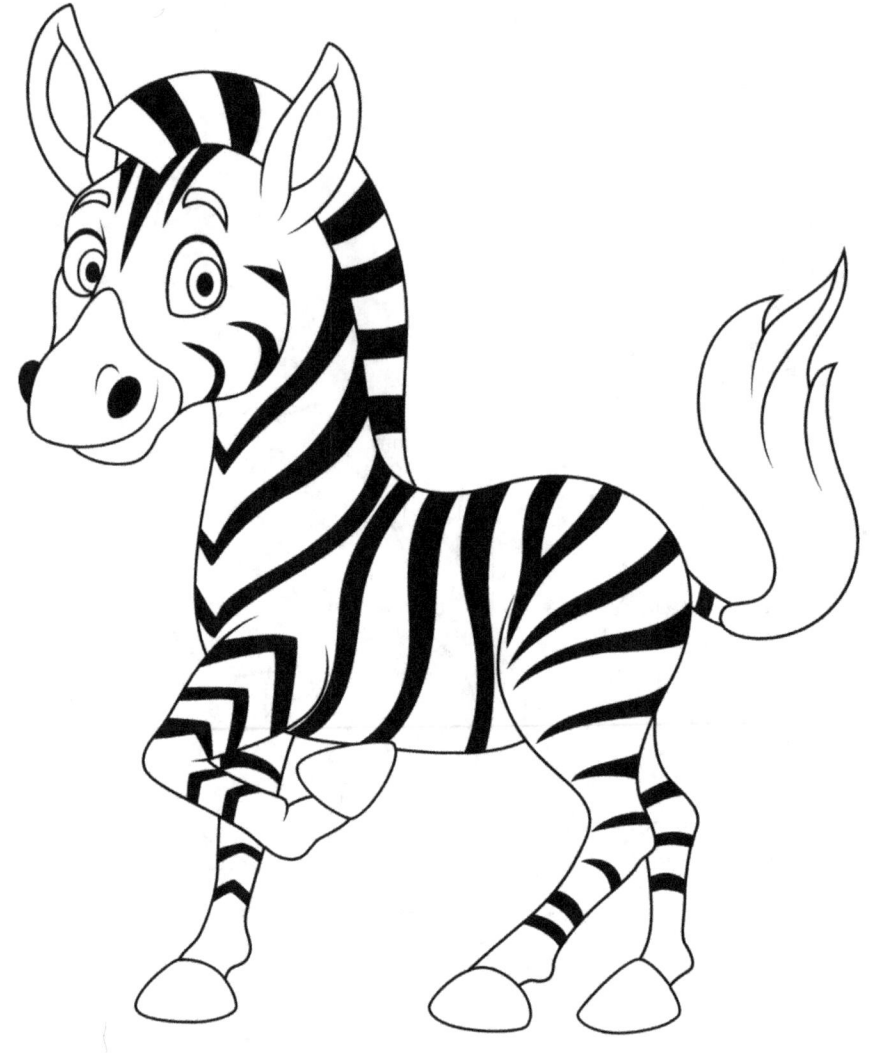

Zebra

Zebra
_____
_____
_____

Elefante

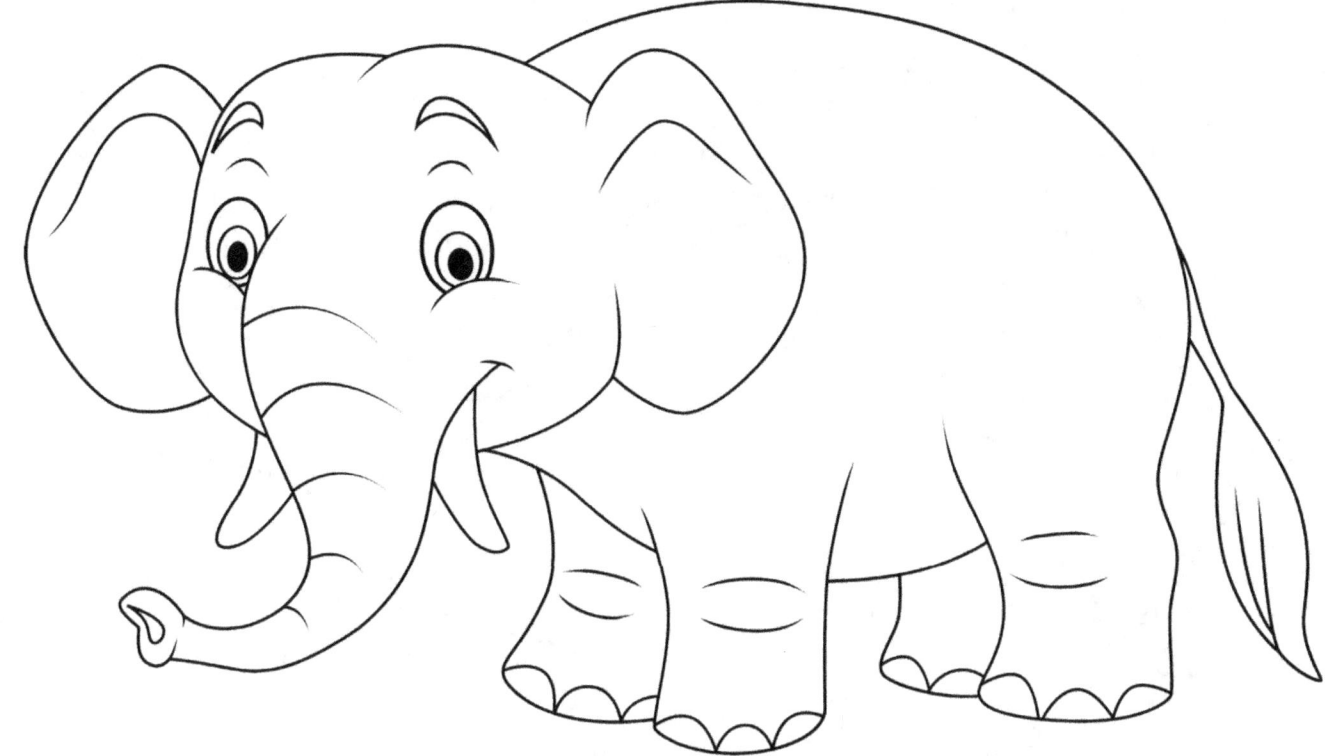

Słoń

Słoń
_____
_____
_____

Peixe

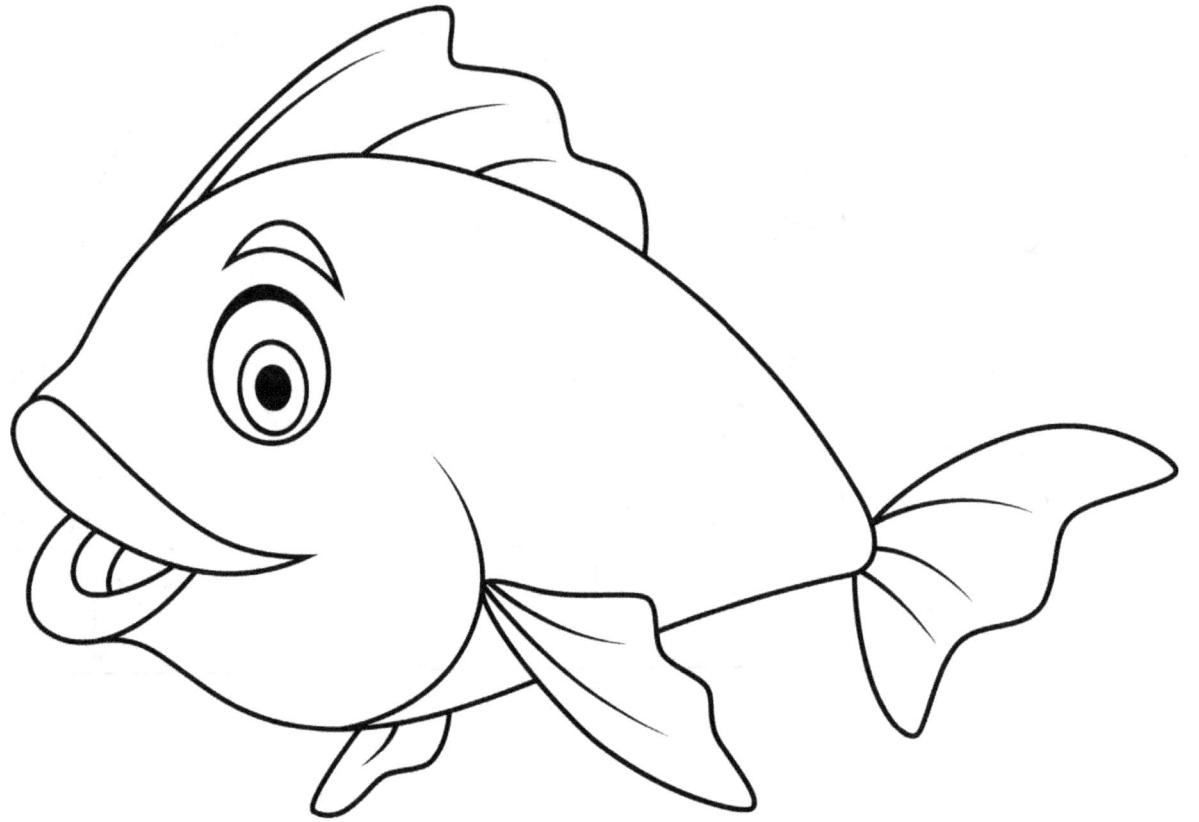

Ryba

Ryba

Caracol

Ś_imak

Zebra

Z_bra

Elefante

_łoń

Peixe

_yba

Flor

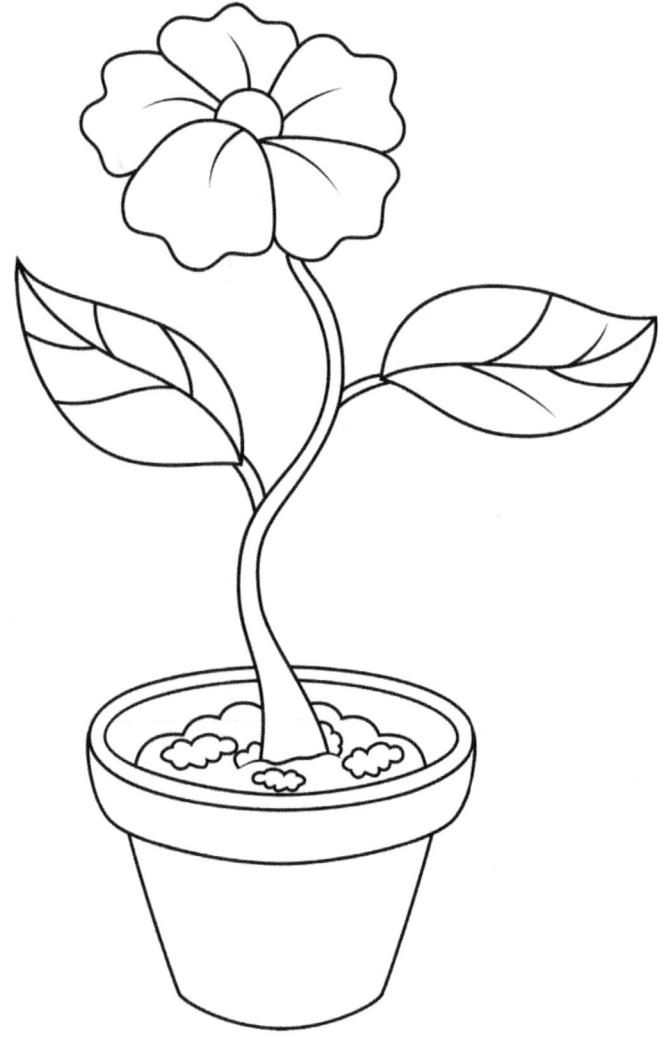

Kwiat

Kwiat
_____

_____

_____

Raposa

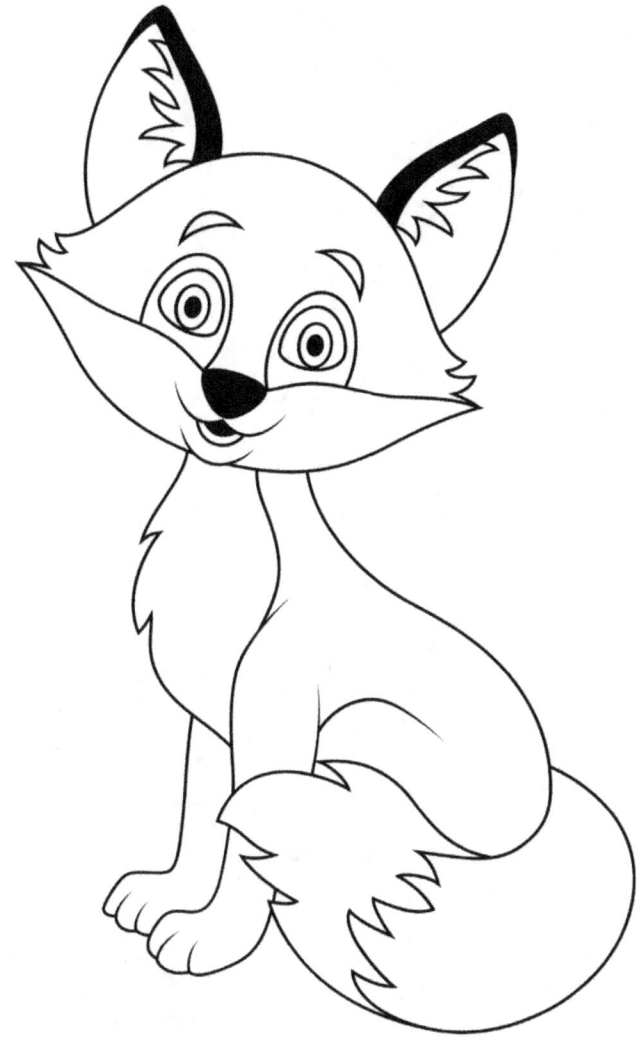

Lis

Lis

Girafa

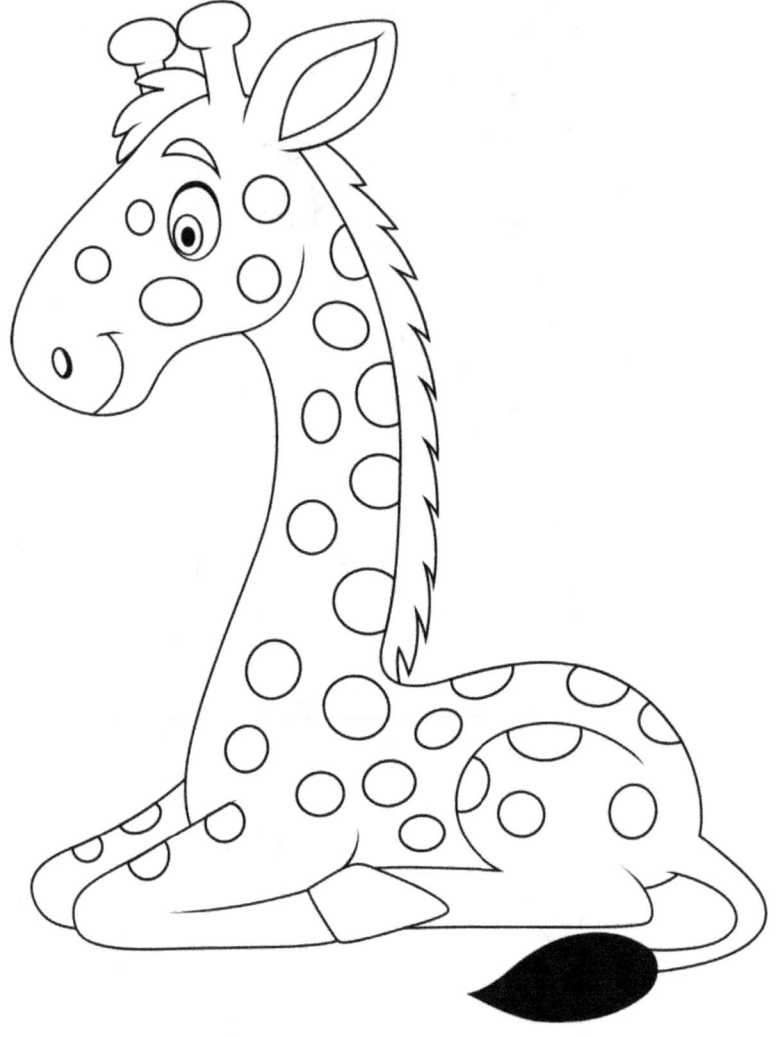

Żyrafa

Żyrafa

Óculos

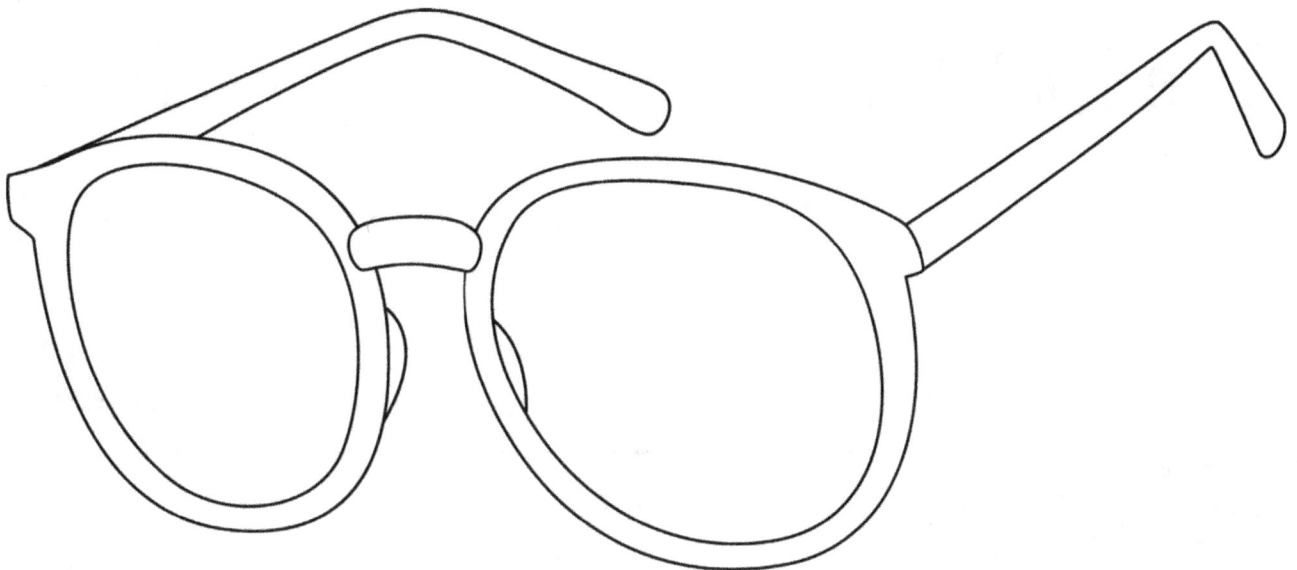

Okulary

Okulary
___
___
___

Flor

wia

Raposa

__s

Girafa

_yr_fa

Óculos

Okul_ry

Uva

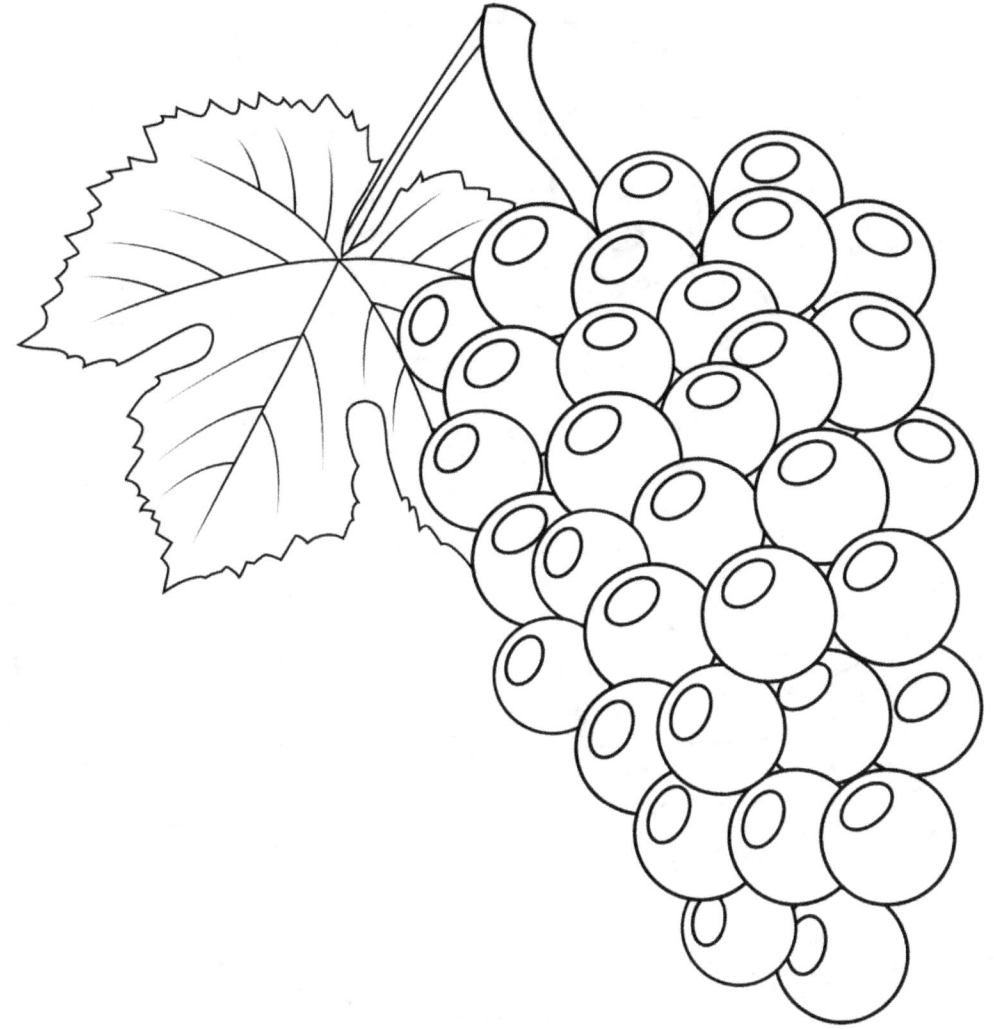

Winogrona

Winogrona

Hambúrguer

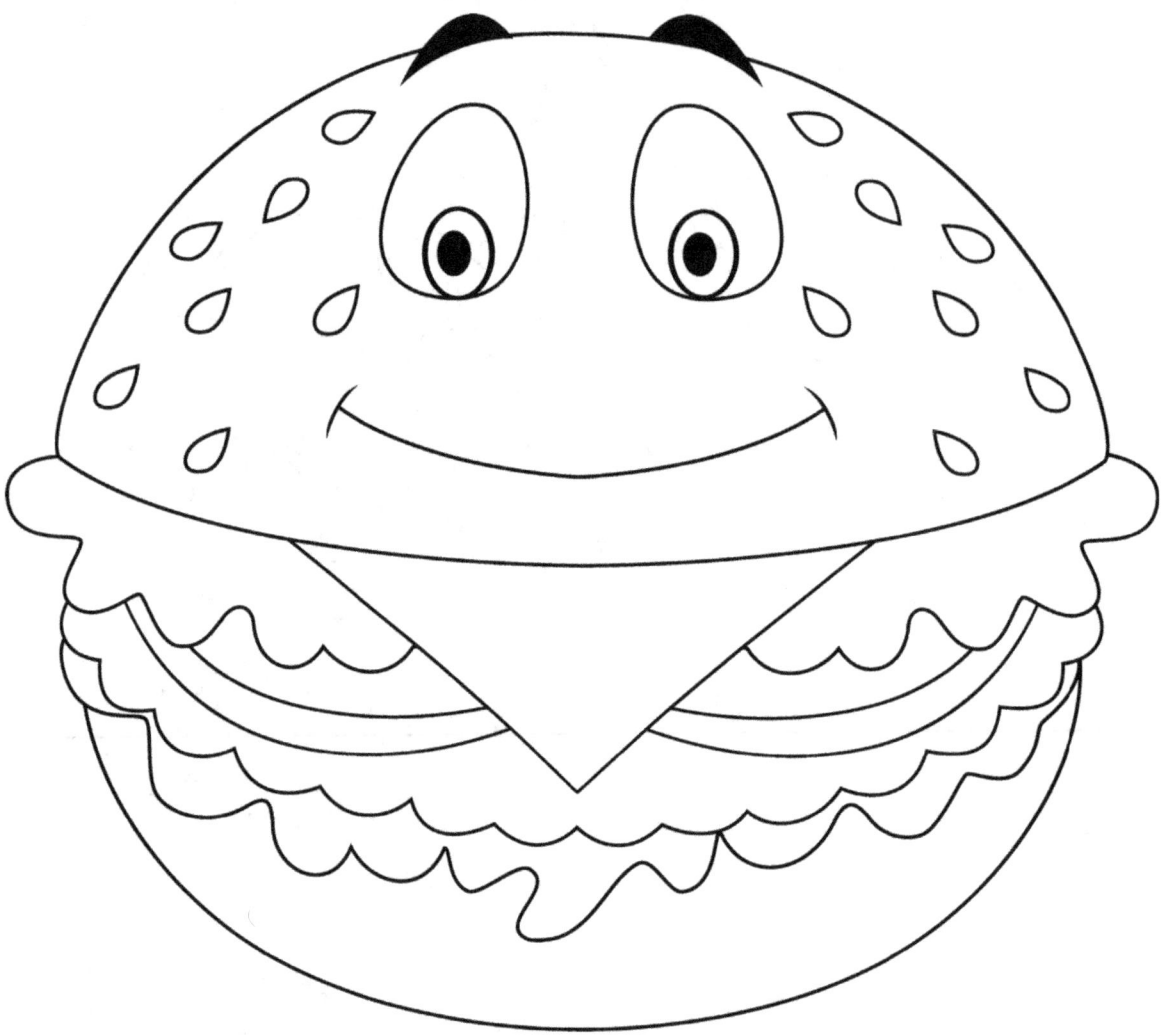

Hamburger

Hamburger

_____

_____

Hipopótamo

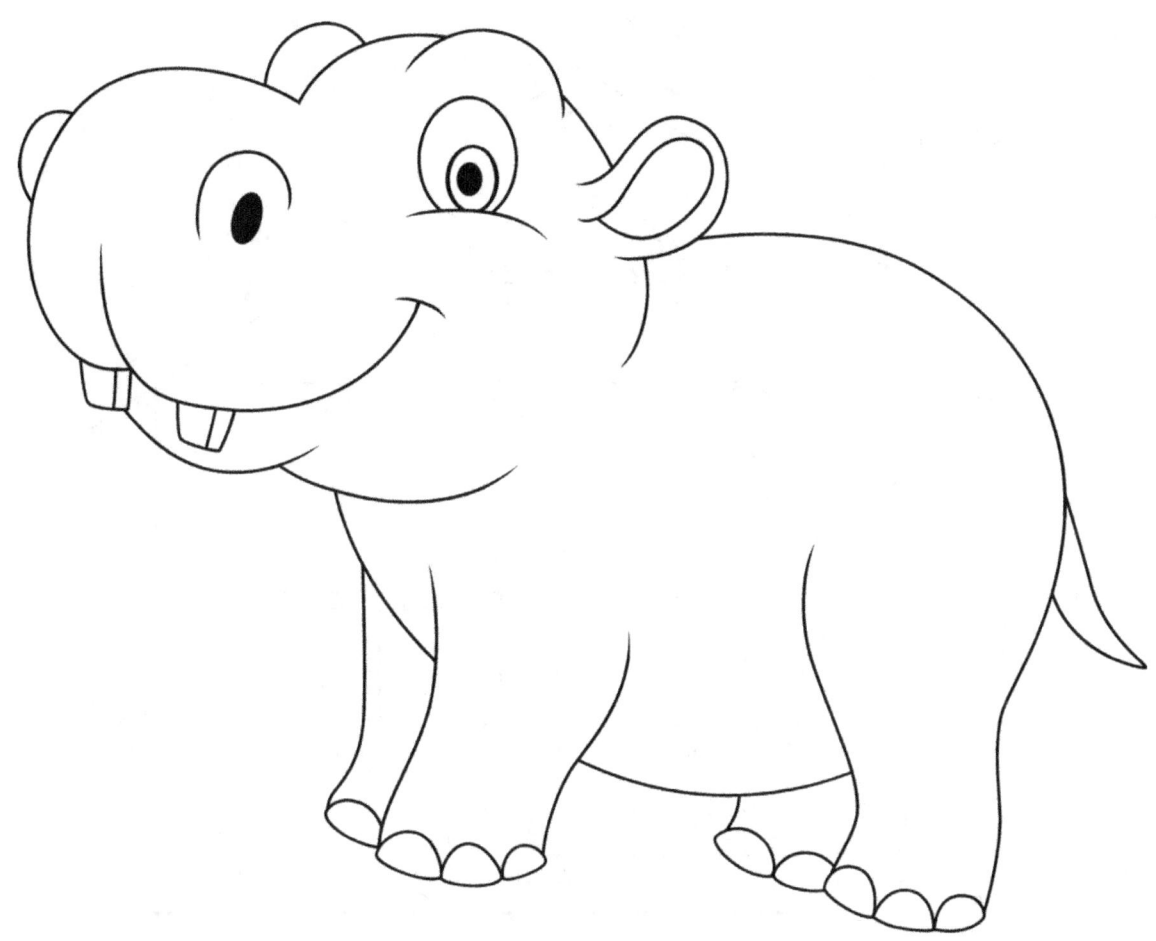

Hipopotam

Hipopotam
_____
_____
_____

Casa

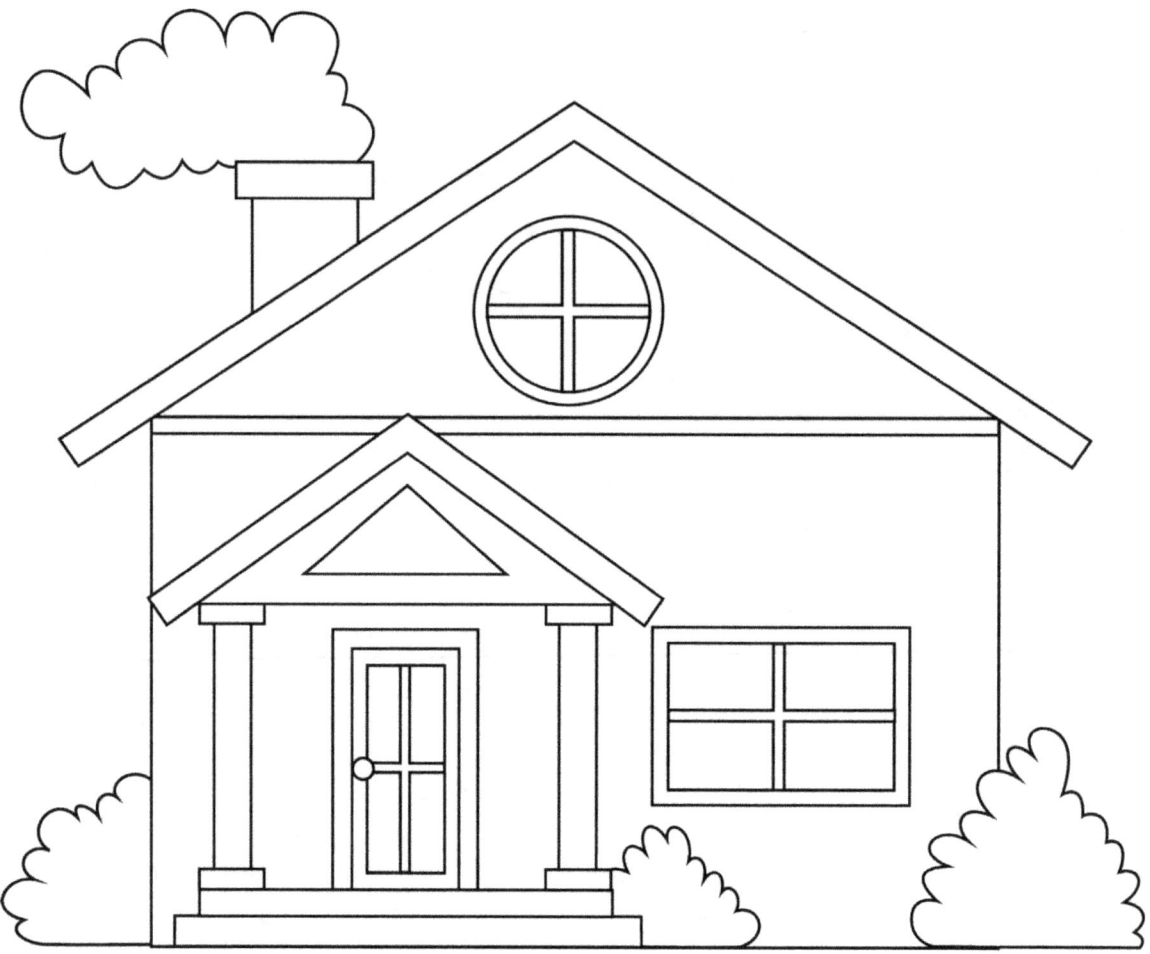

Dom

Dom

Uva

Wino_ron_

Hambúrguer

Ha_burge_

Hipopótamo

Hipo__tam

Casa

_o_

Sorvete

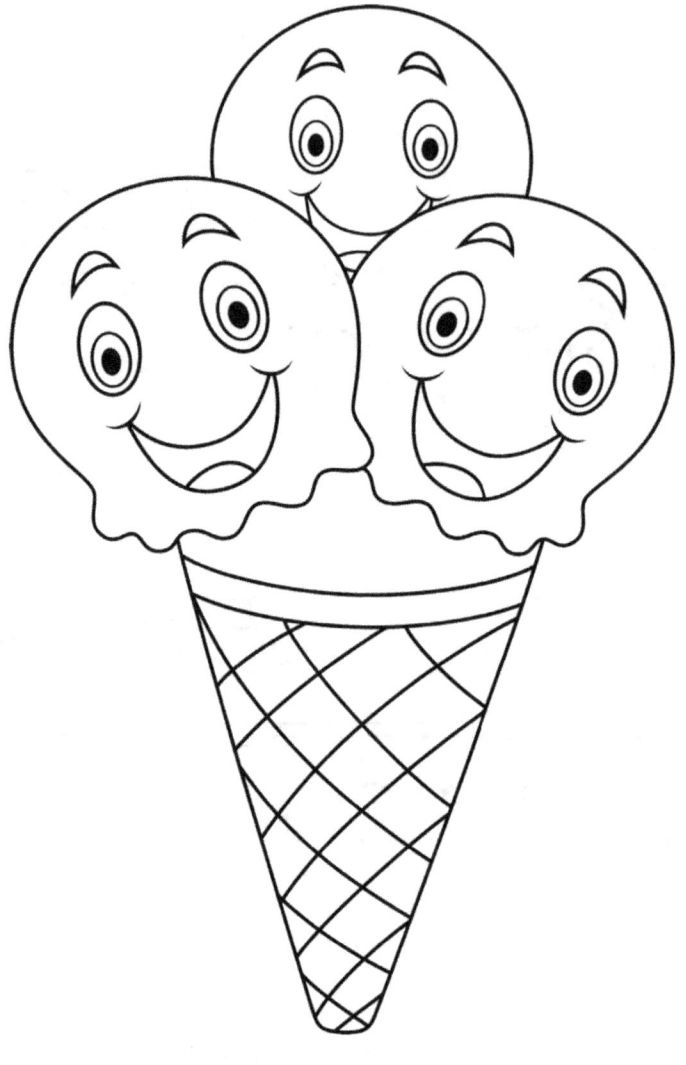

Lody

Lody

Iguana

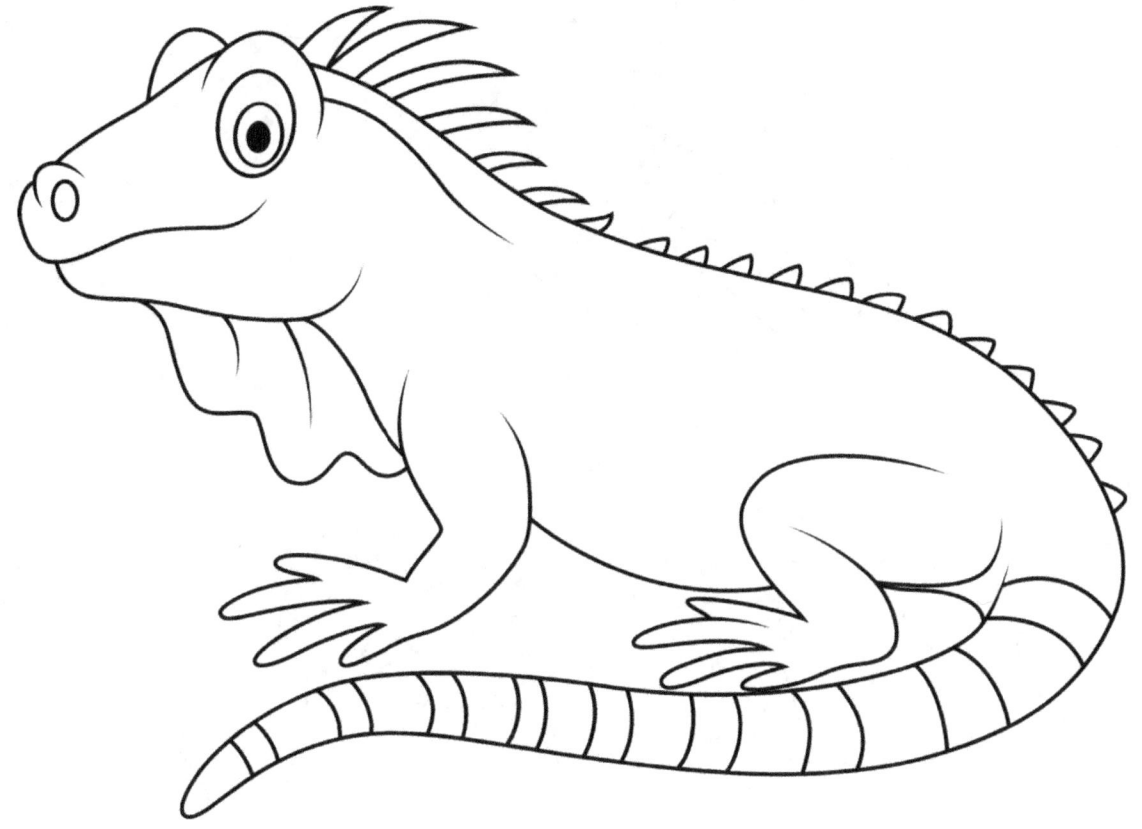

Iguana

Iguana

Pato

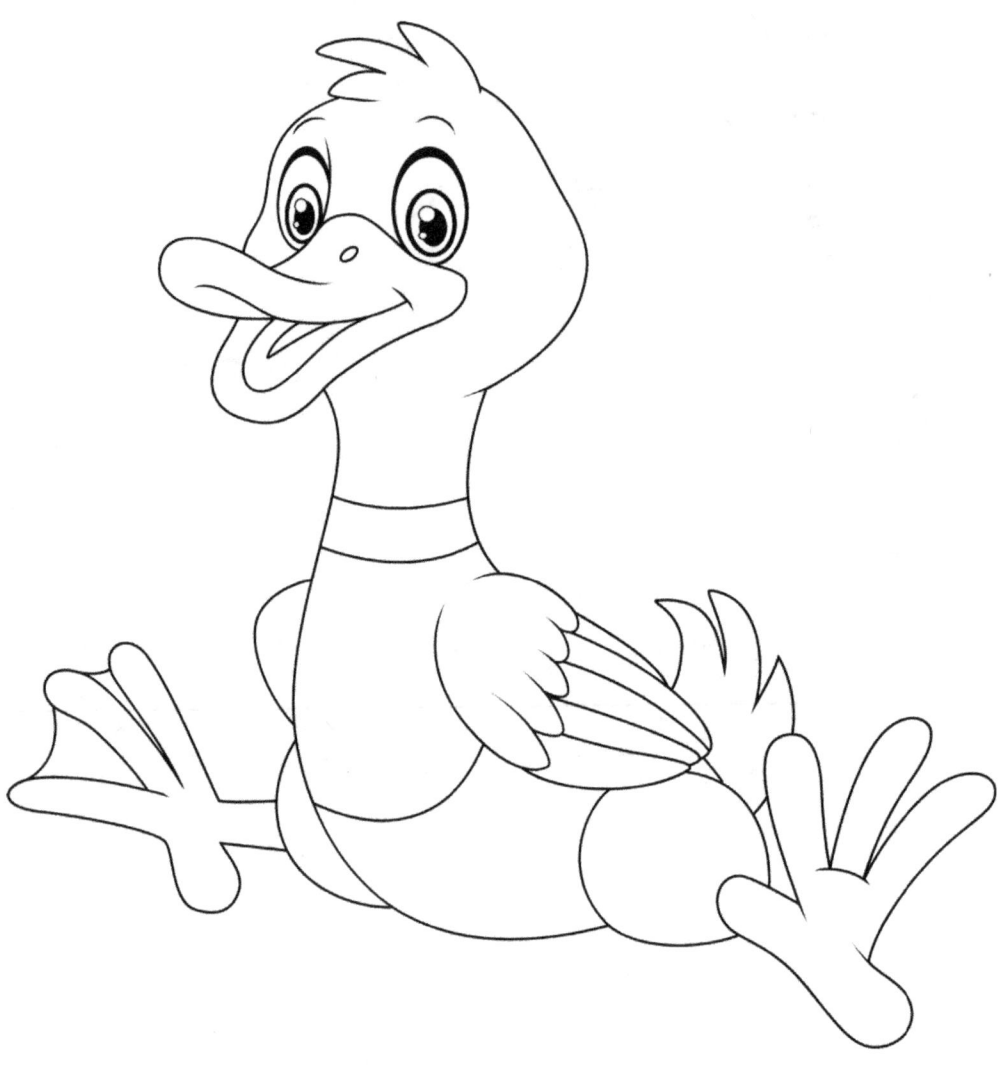

Kaczka

Kaczka
_____
_____
_____

Jaguar

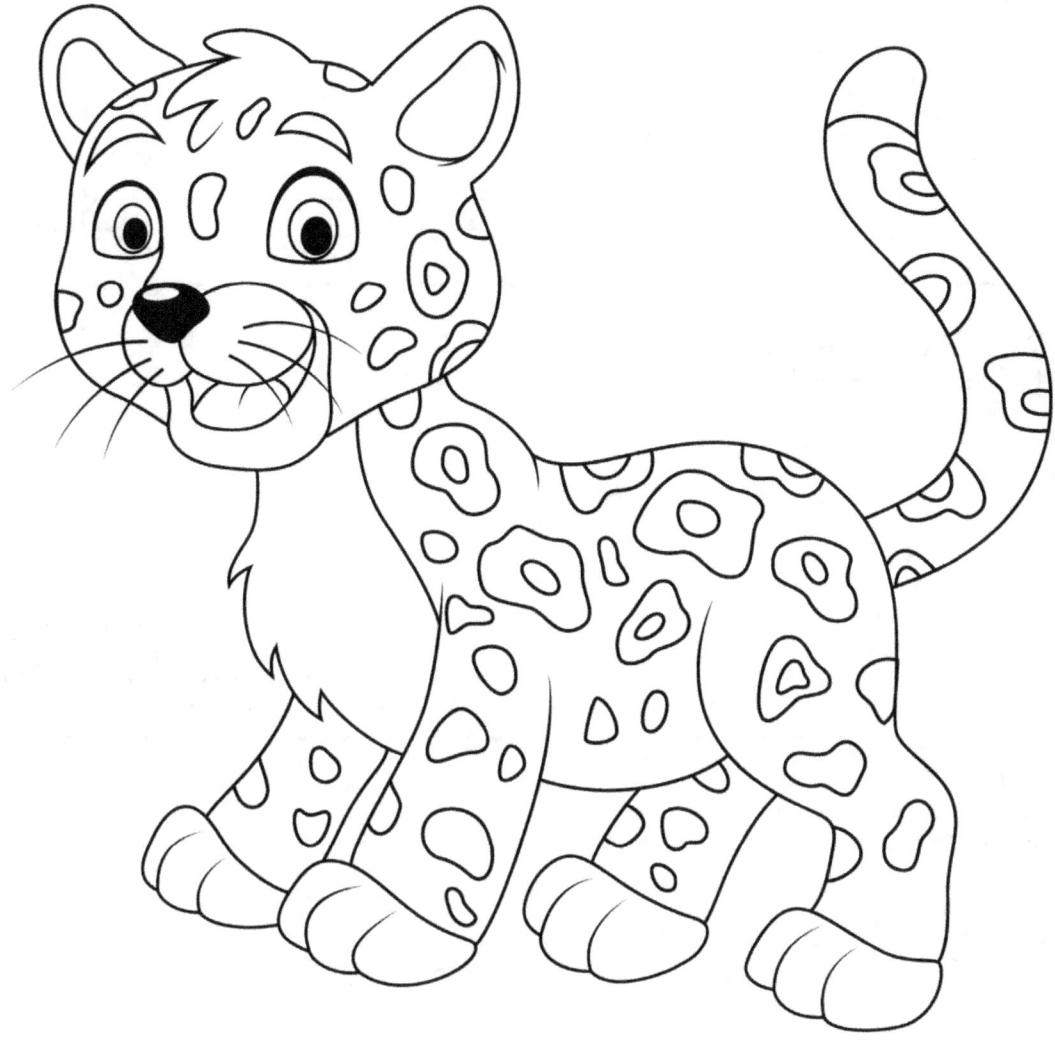

Jaguar

Jaguar

Sorvete

_o_y

Iguana

guan

Pato

Ka_z_a

Jaguar

Ja_ua_

Geléia

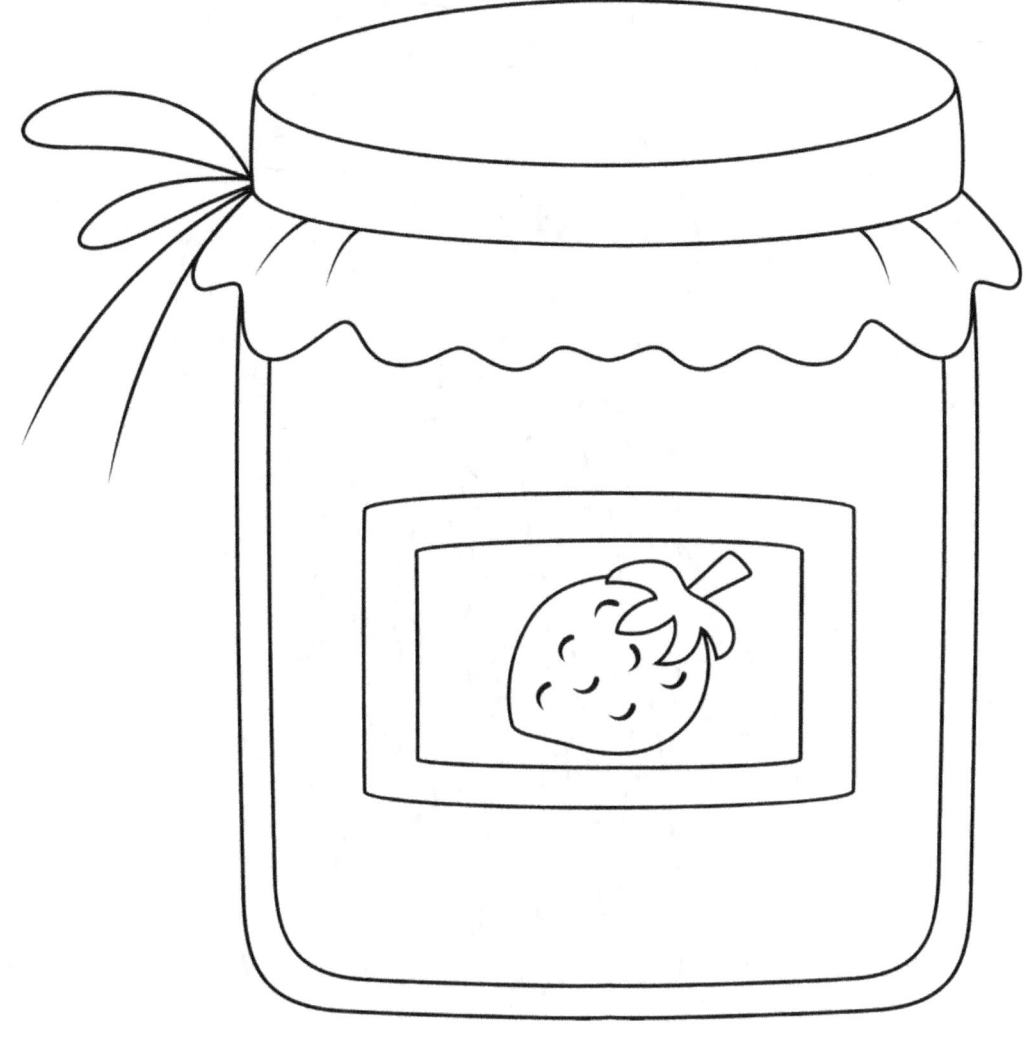

Dżem

Dżem

Água-viva

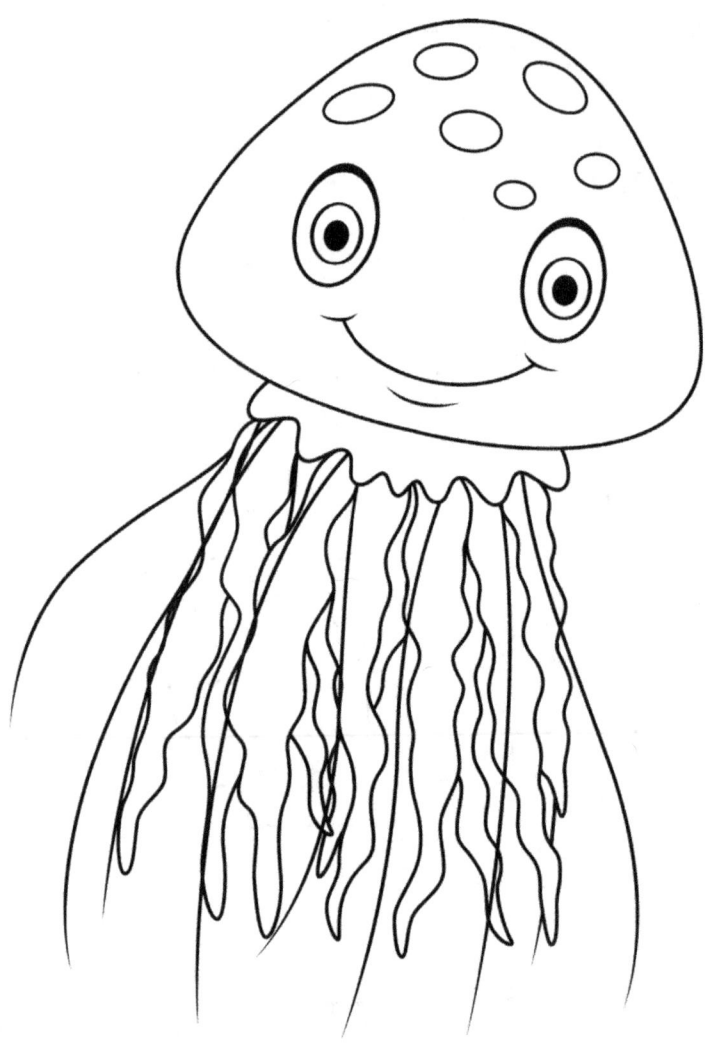

Meduza

Meduza
_____
_____
_____

Zepelim

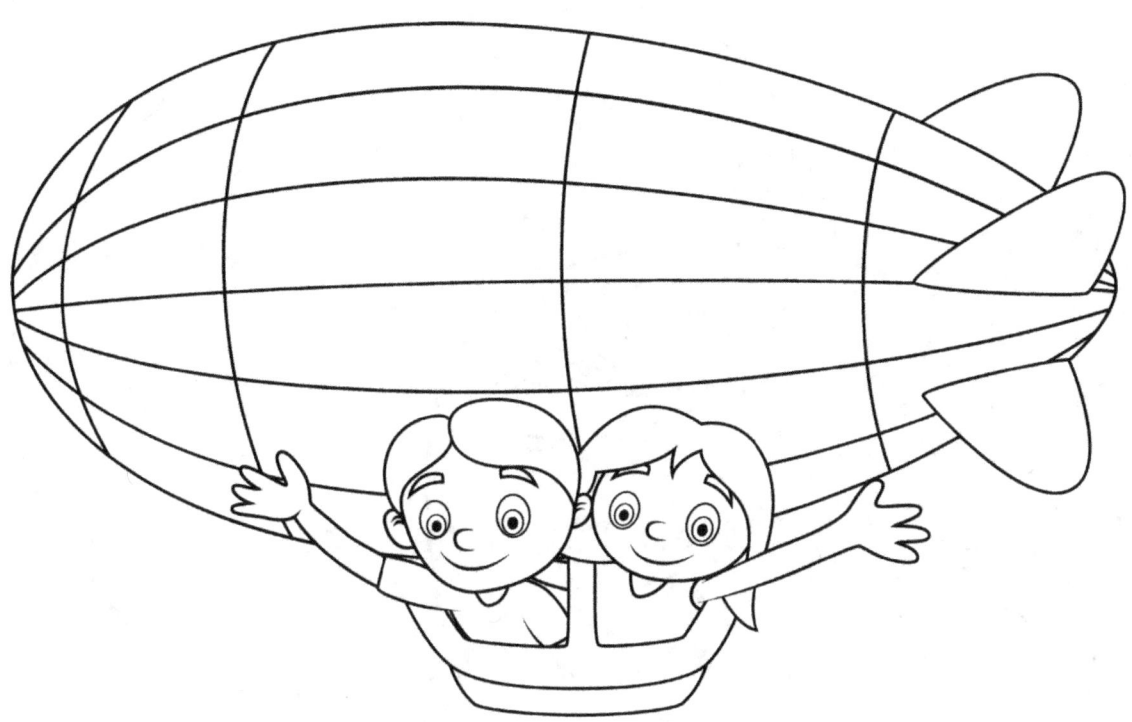

Sterowiec

Sterowiec
_____
_____
_____

Kiwi

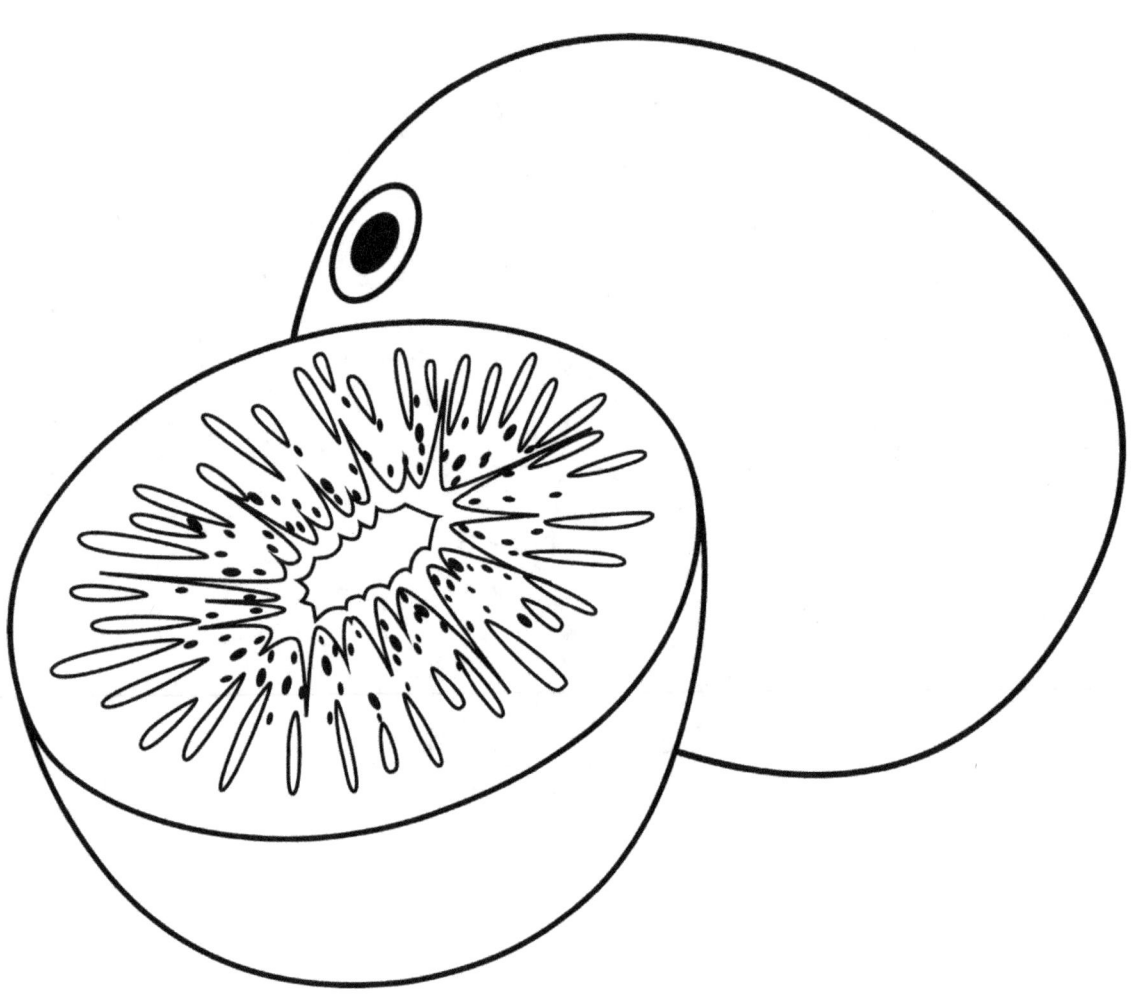

Kiwi

Kiwi

Geléia

__em

Água-viva

M_d_za

Zepelim

Stero__ec

Kiwi

Kiw_

Morango

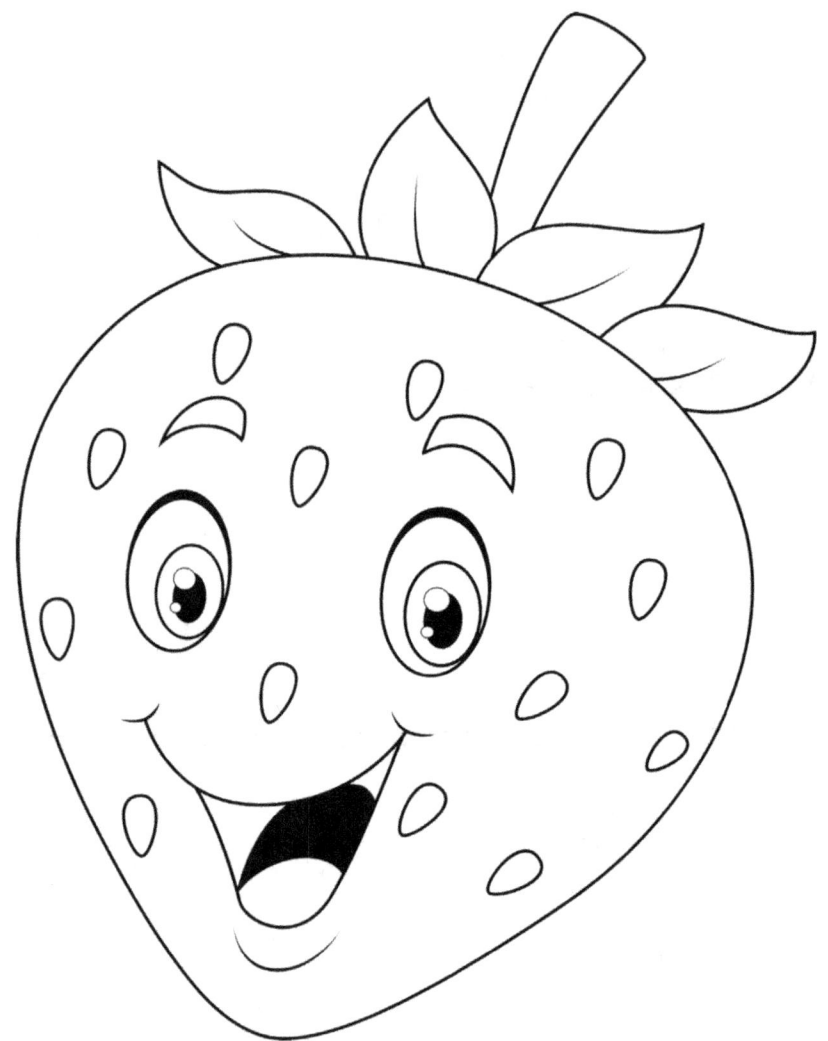

Truskawka

Truskawka
_____
_____

Folhas

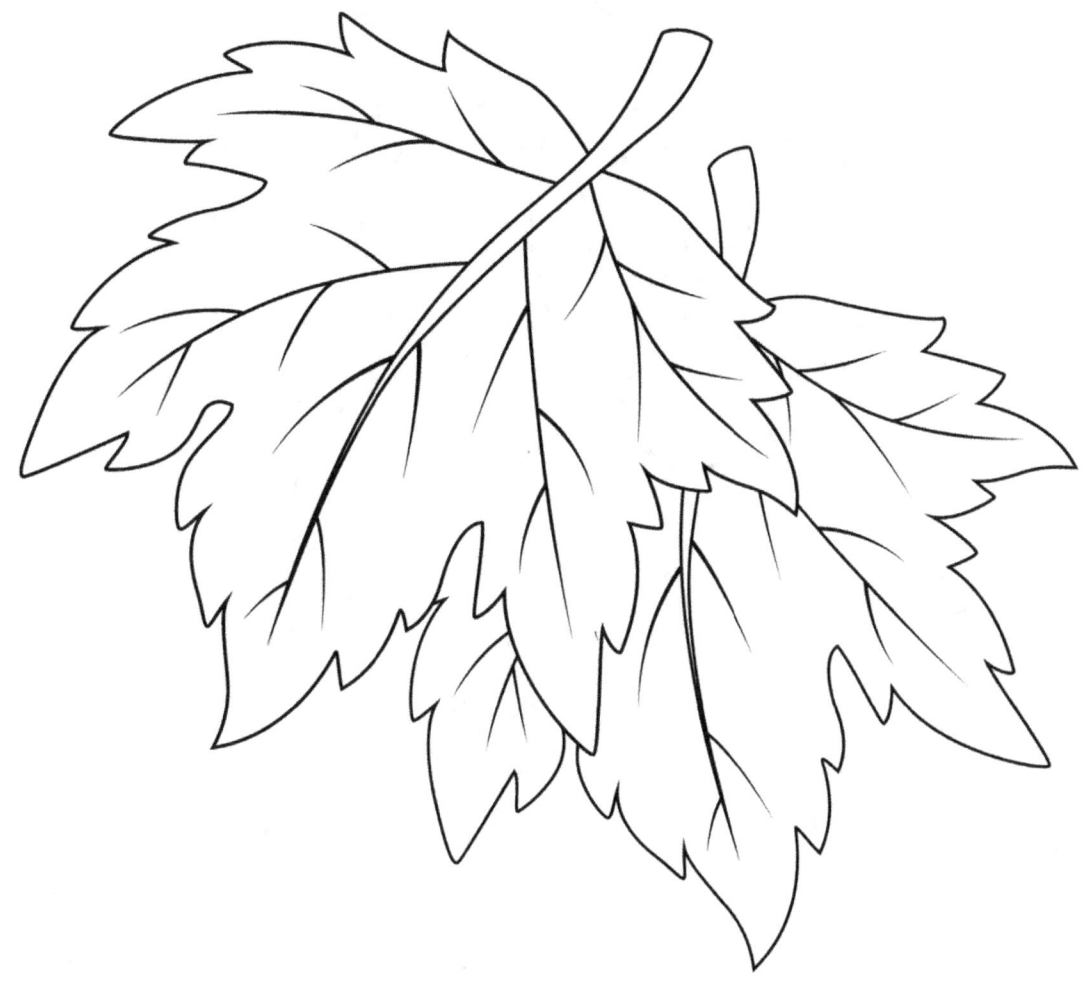

Liście

Liście
_____
_____
_____

Lâmpada

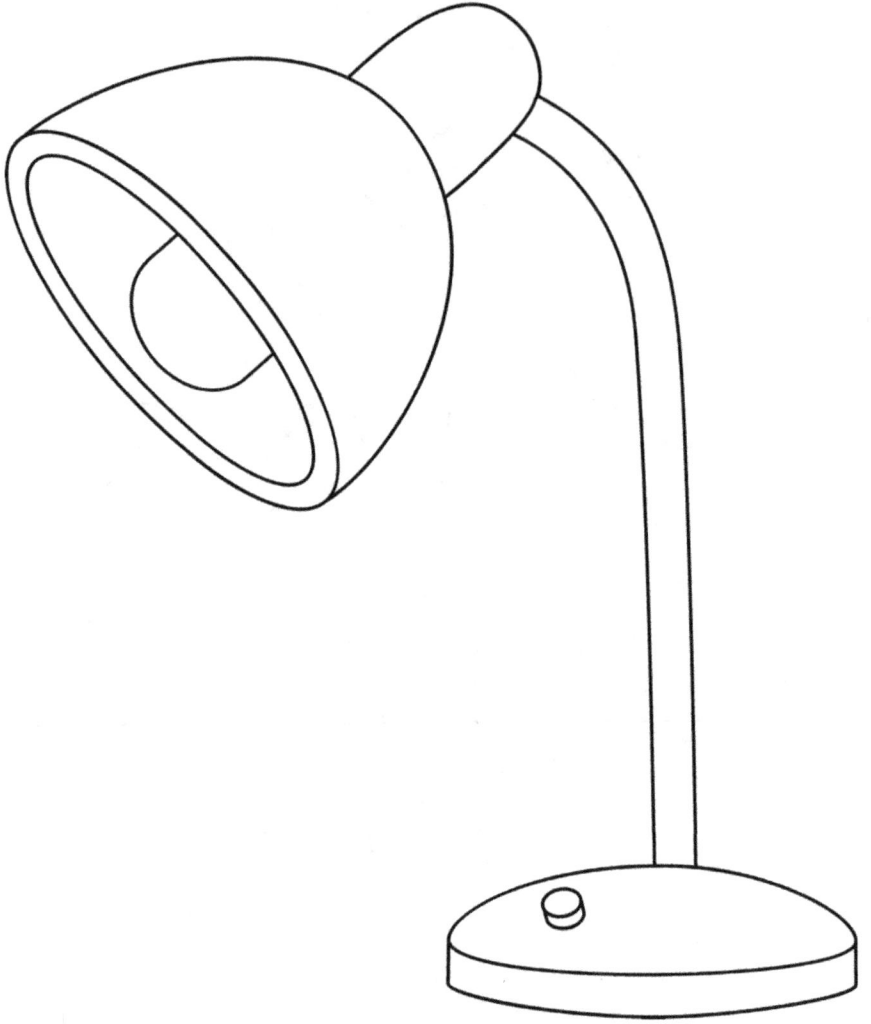

Światła

Światła
_____
_____

Leão

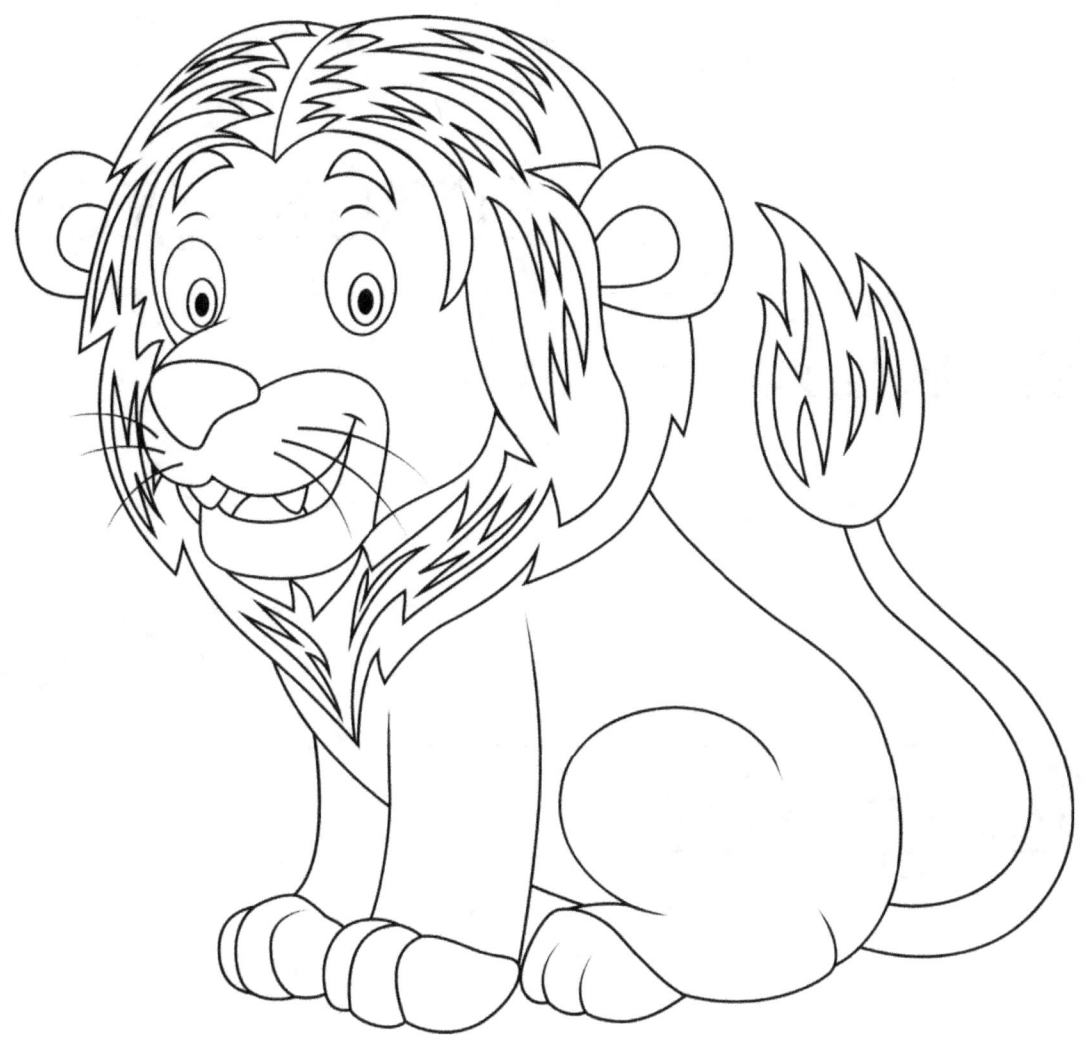

Lew

Lew
_____
_____
_____

Morango

Trus__wka

Folhas

Liści_

Lâmpada

Św_atł_

Leão

L__

Macaco

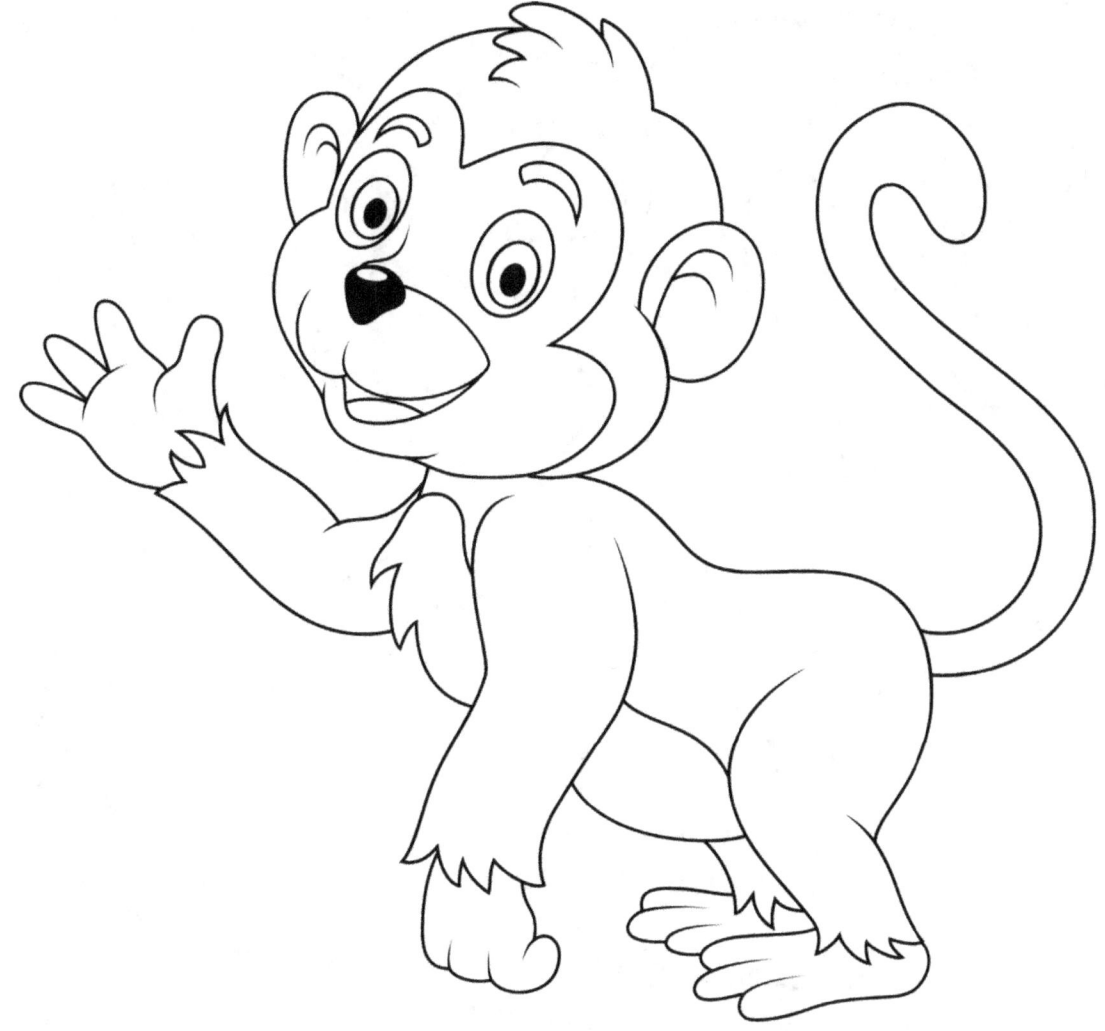

Małpa

Małpa

Rato

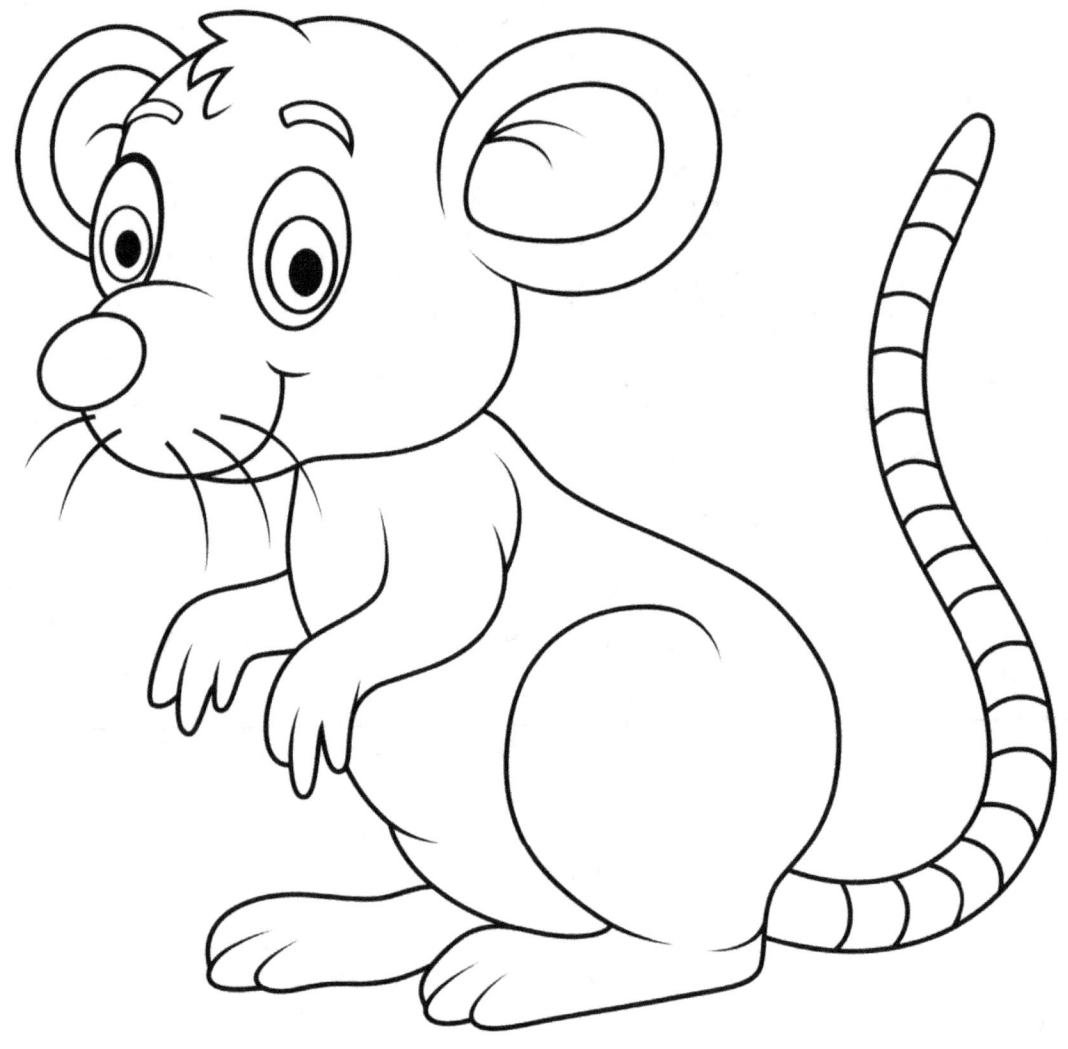

Mysz

Mysz

Mata-moscas

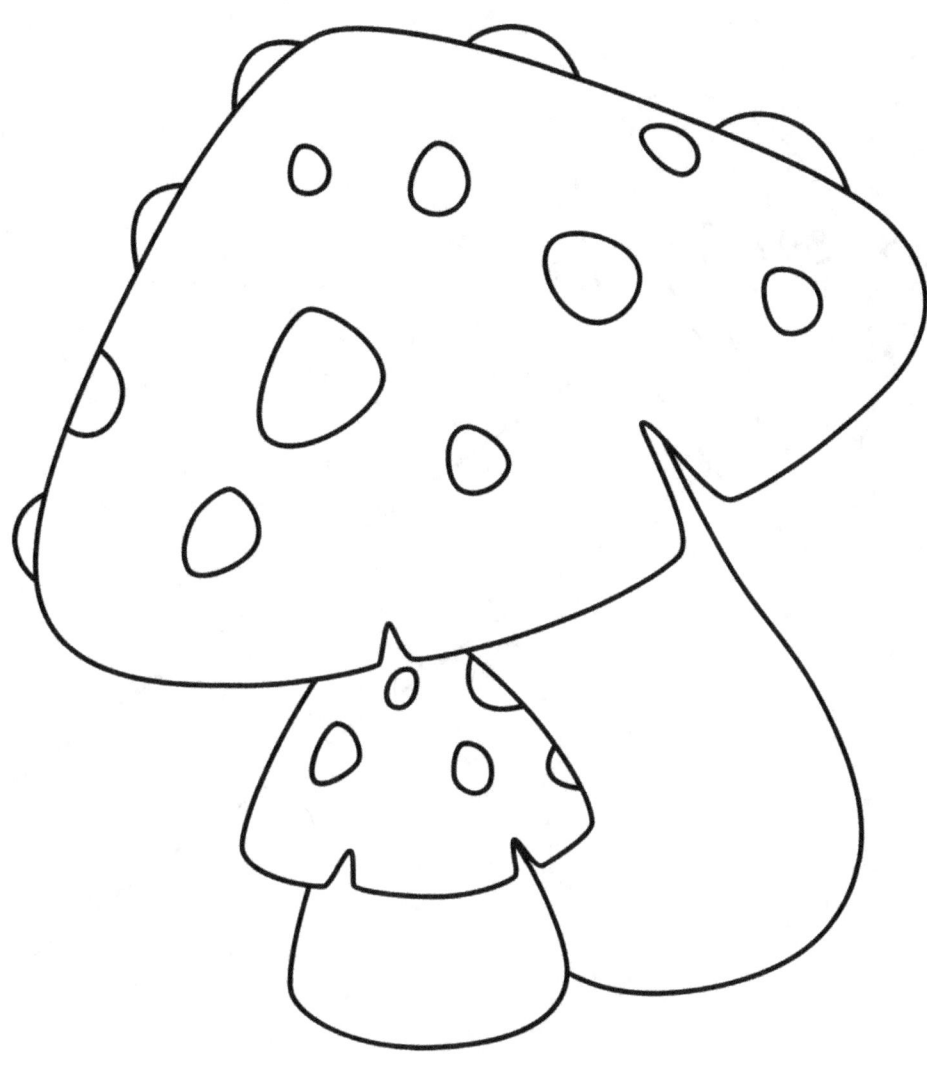

Muchomor

Muchomor

Prego

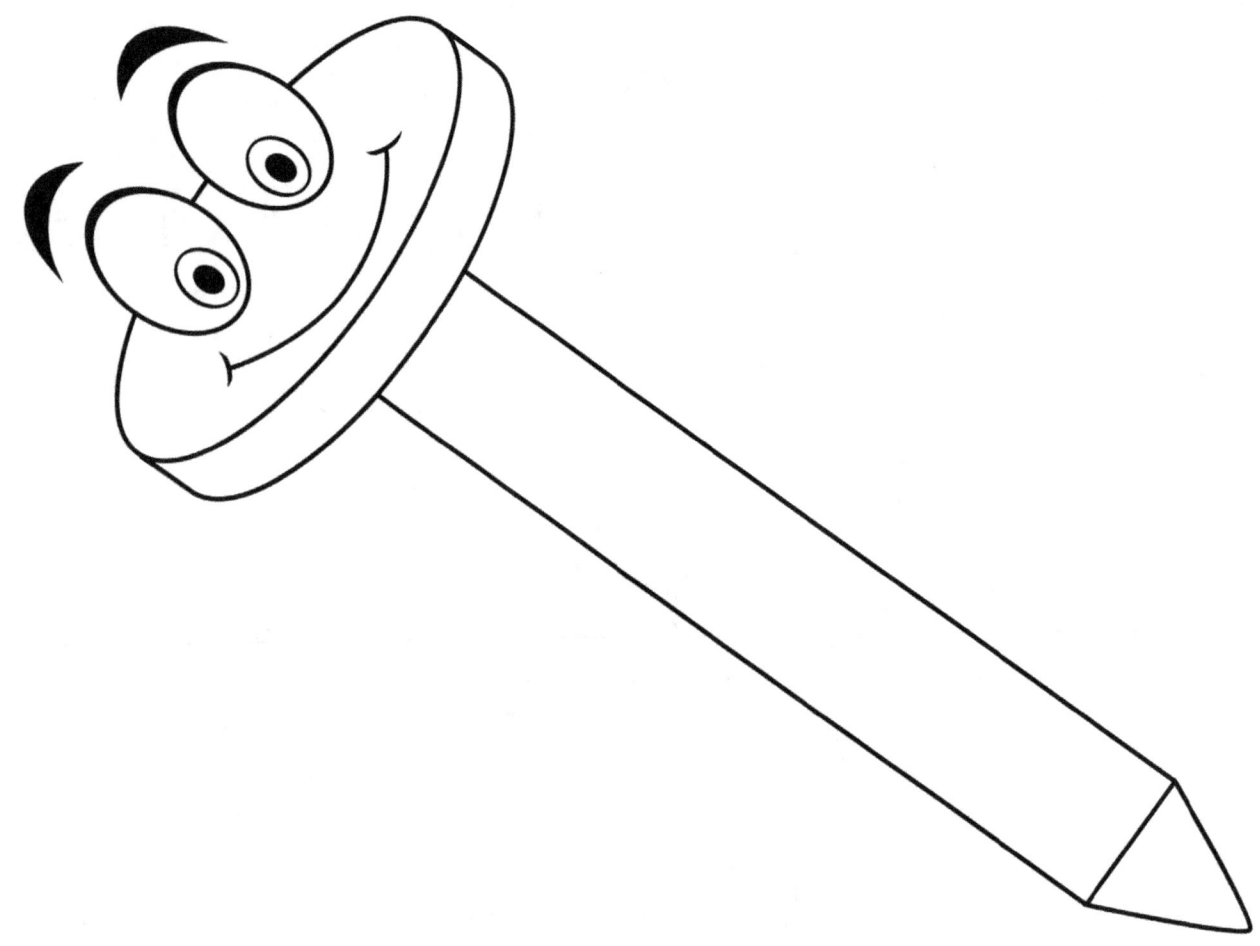

Gwóźdź

Gwóźdź

Macaco	_ałp_
Rato	M_sz
Mata-moscas	Much__or
Prego	Gw_ź_ź

Cavalo

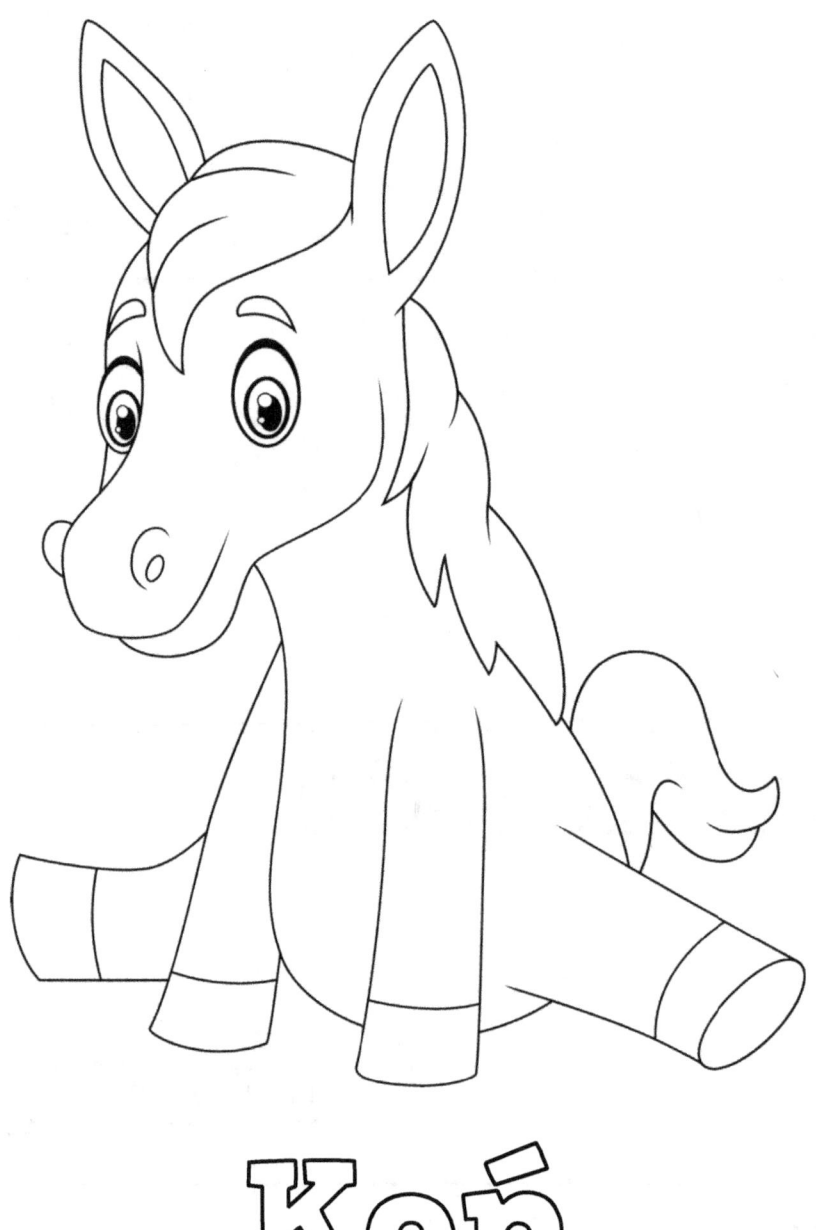

Koń

Koń
_____

_____

_____

Noz

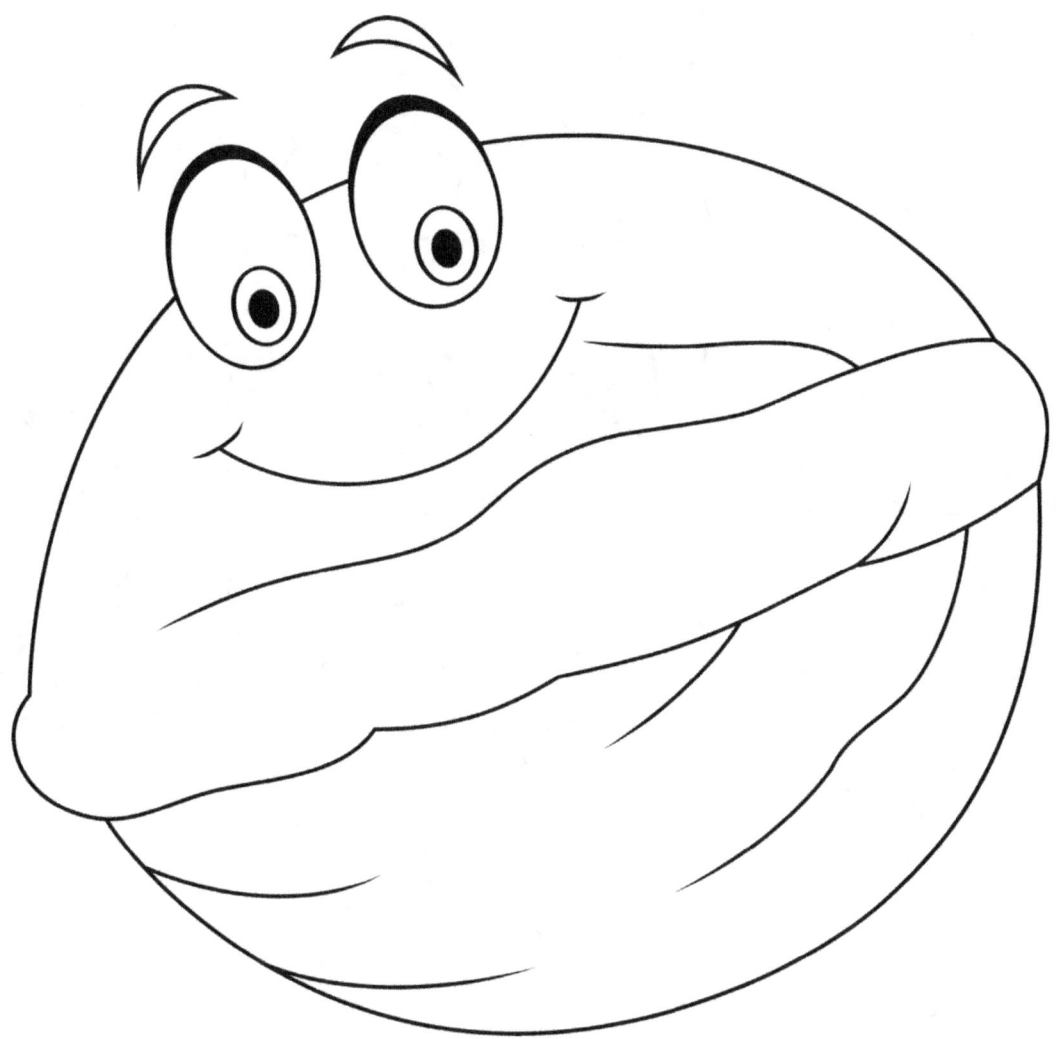

Orzech

Orzech

Polvo

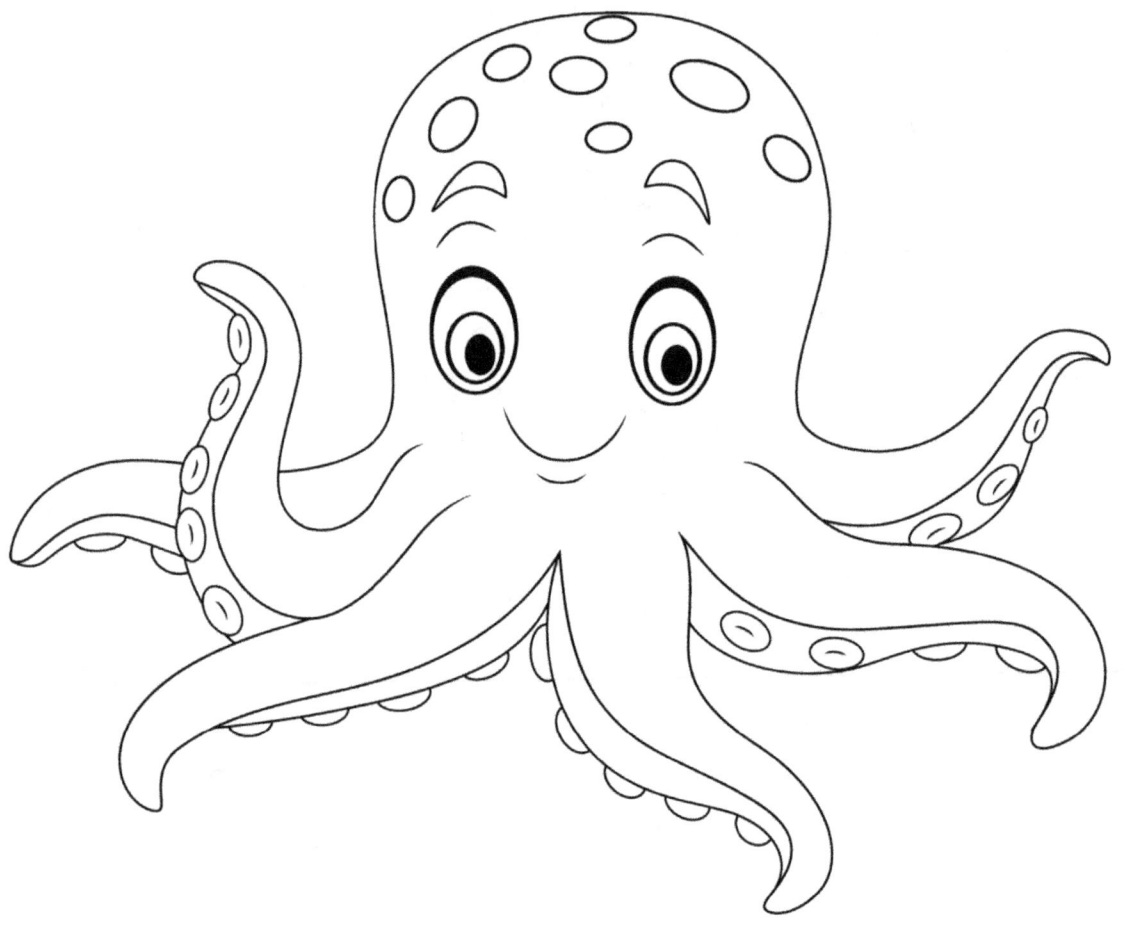

Ośmiornica

Ośmiornica

Laranja

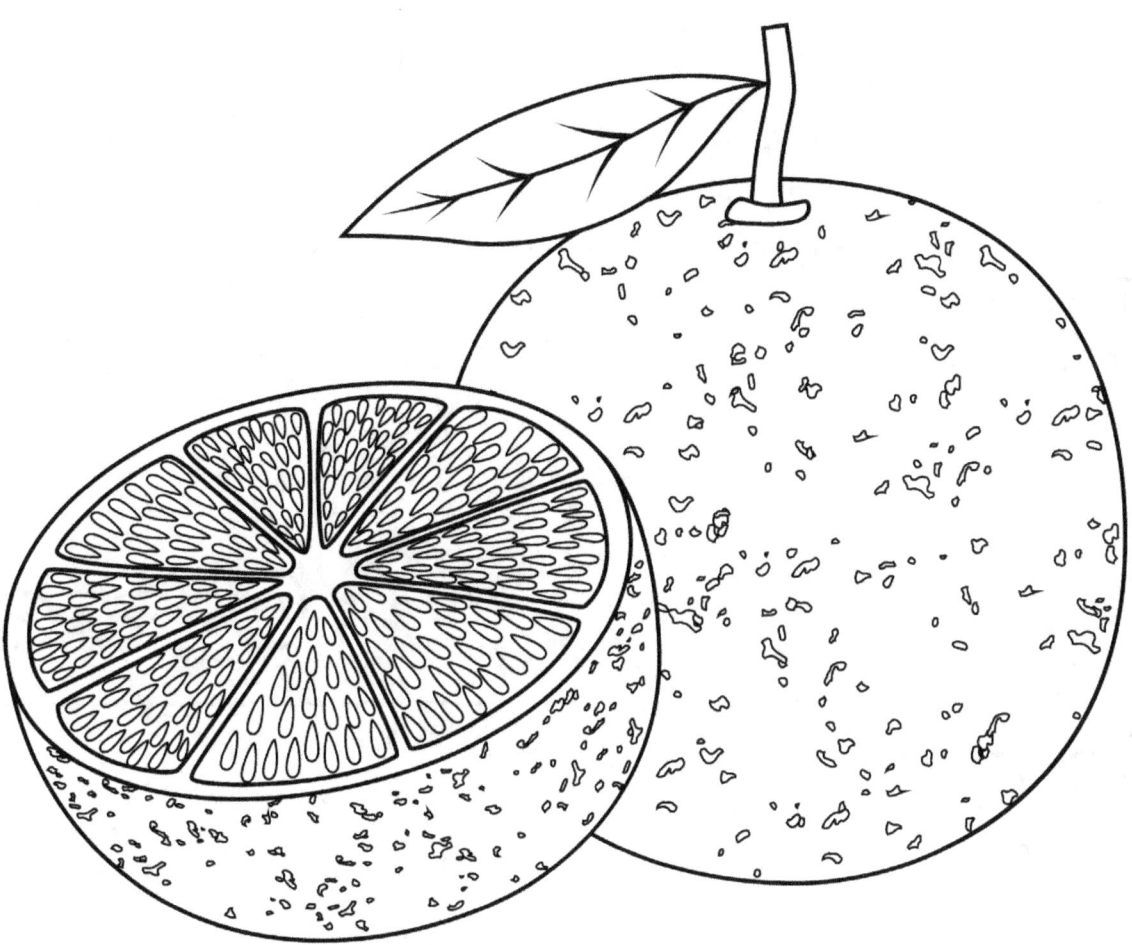

Pomarańcza

Pomarańcza

Cavalo

K__

Noz

O_zech

Polvo

Ośmiornic_

Laranja

Poma_ańcza

Coruja

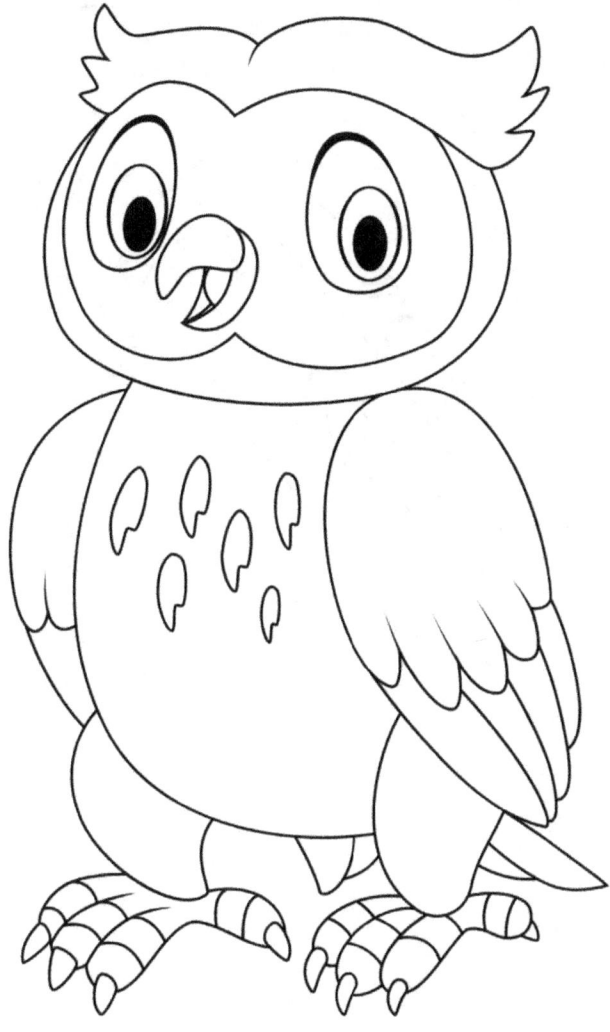

Sowa

Sowa
_____
_____

Caneta

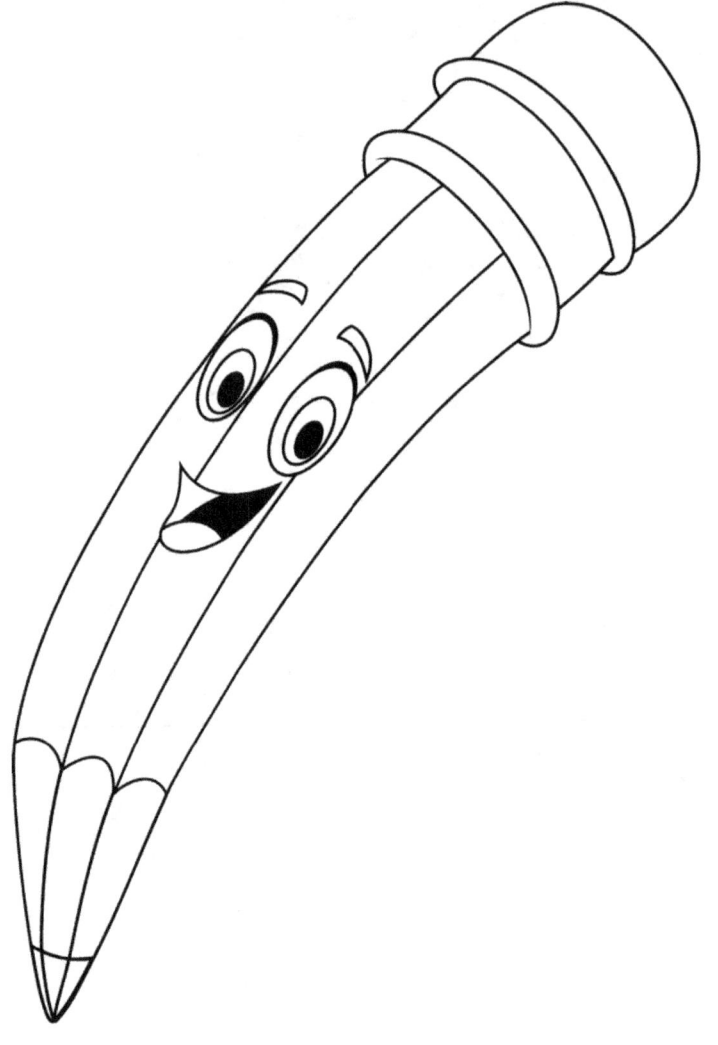

Ołówek

Ołówek
_____

_____

_____

Torta

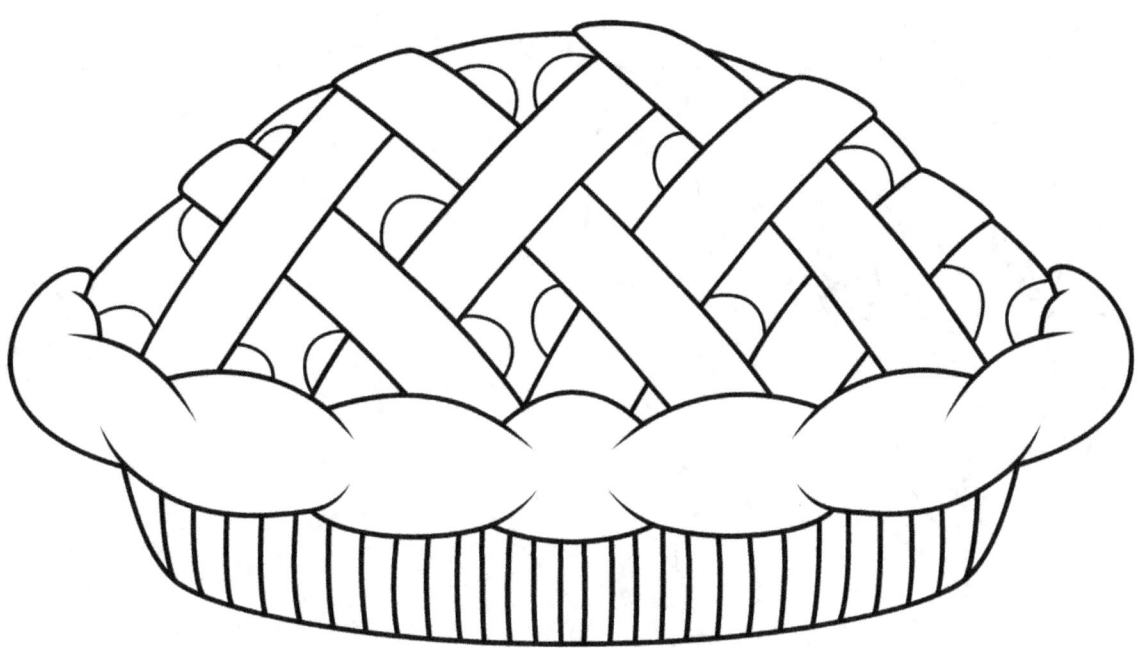

Ciasto

Ciasto

Porco

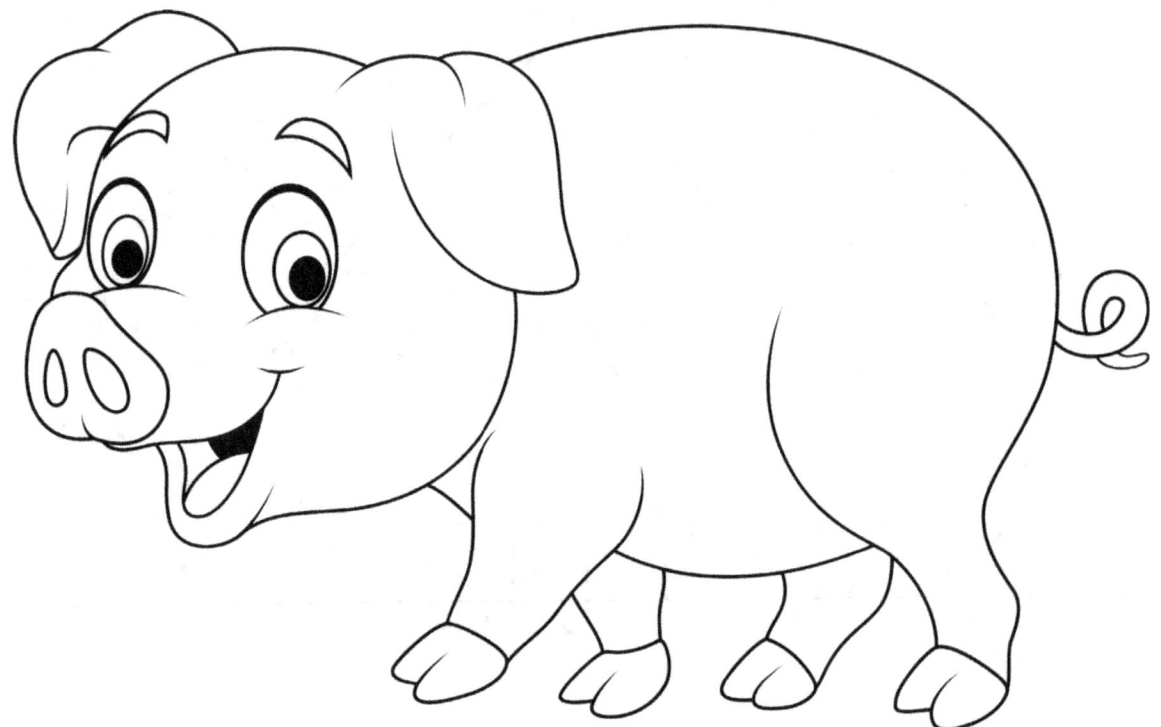

Świnia

Świnia
_____
_____
_____

Coruja	
	_owa

Caneta	
	Ołów_k

Torta	
	Cia__o

Porco	
	Ś_inia

Pássaro

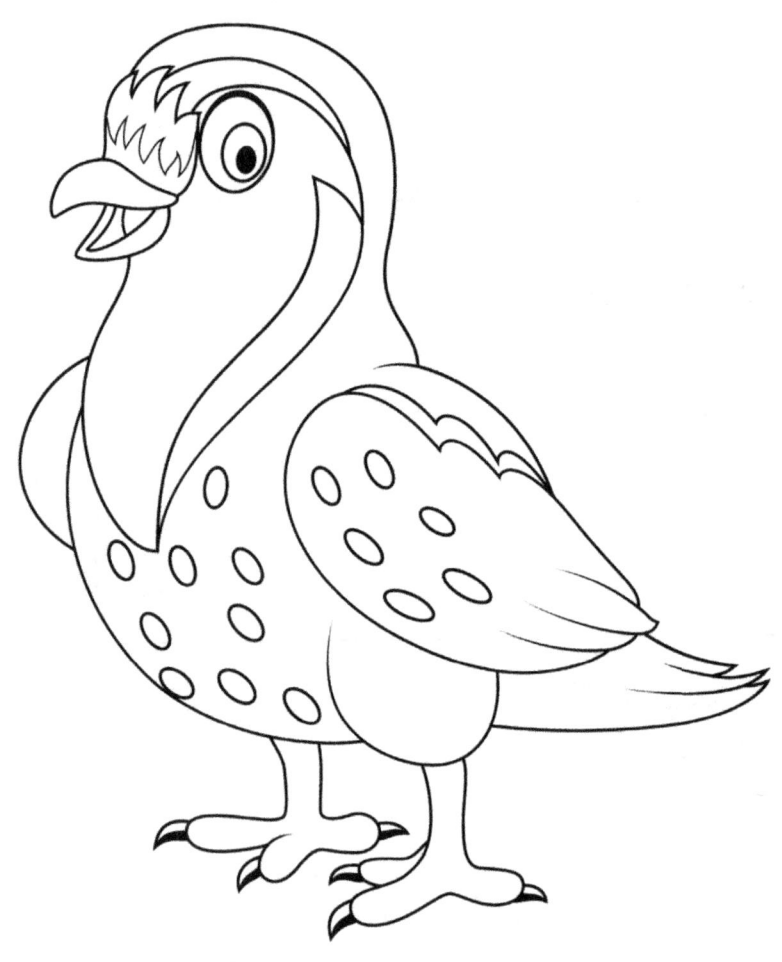

Ptak

Ptak
_____
_____
_____

Rainha

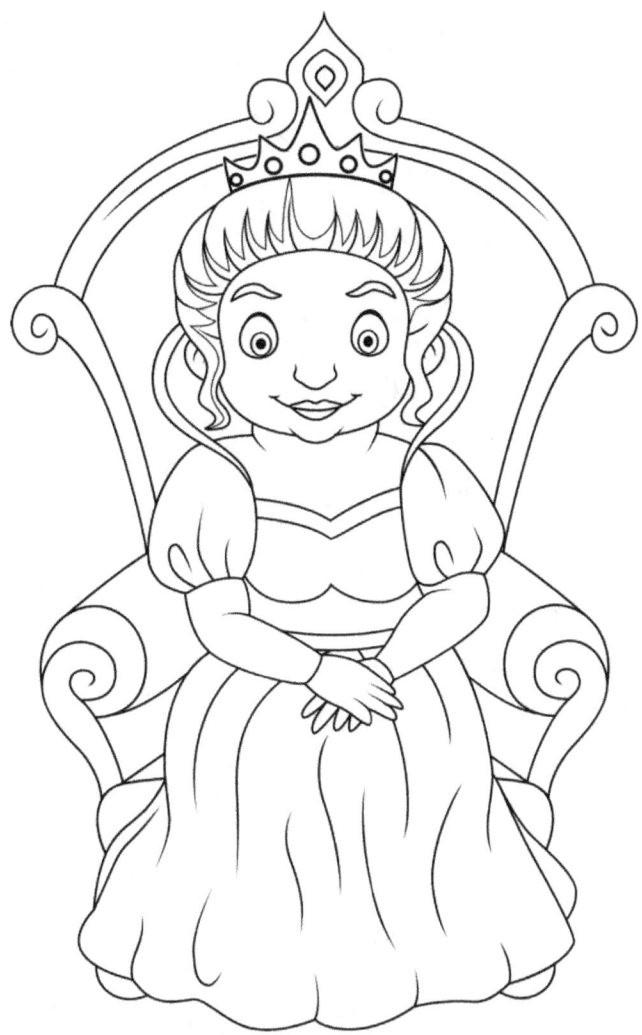

Królowa

Królowa

Pena

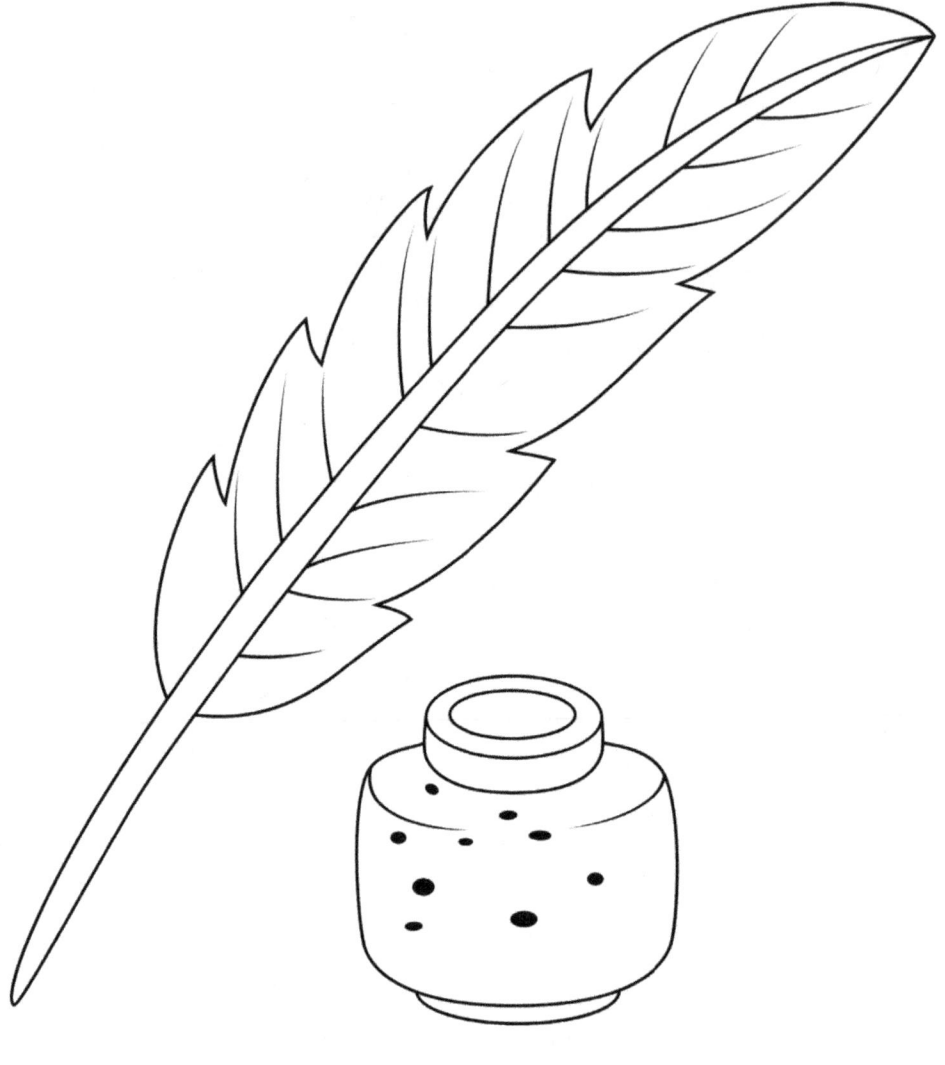

Lotka

Lotka

Coelho

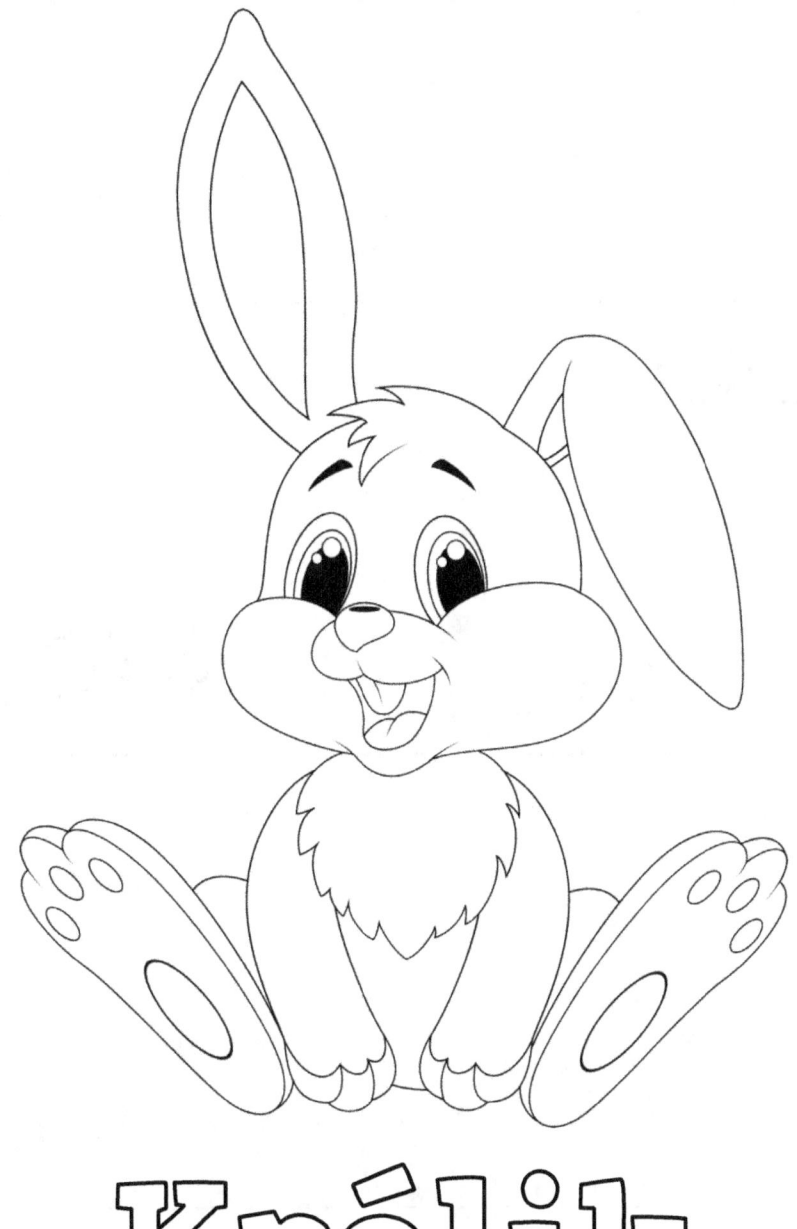

Królik

Królik

Pássaro

P _ _ k

Rainha

Król_o_a

Pena

L_tk_

Coelho

Król_k

Rinoceronte

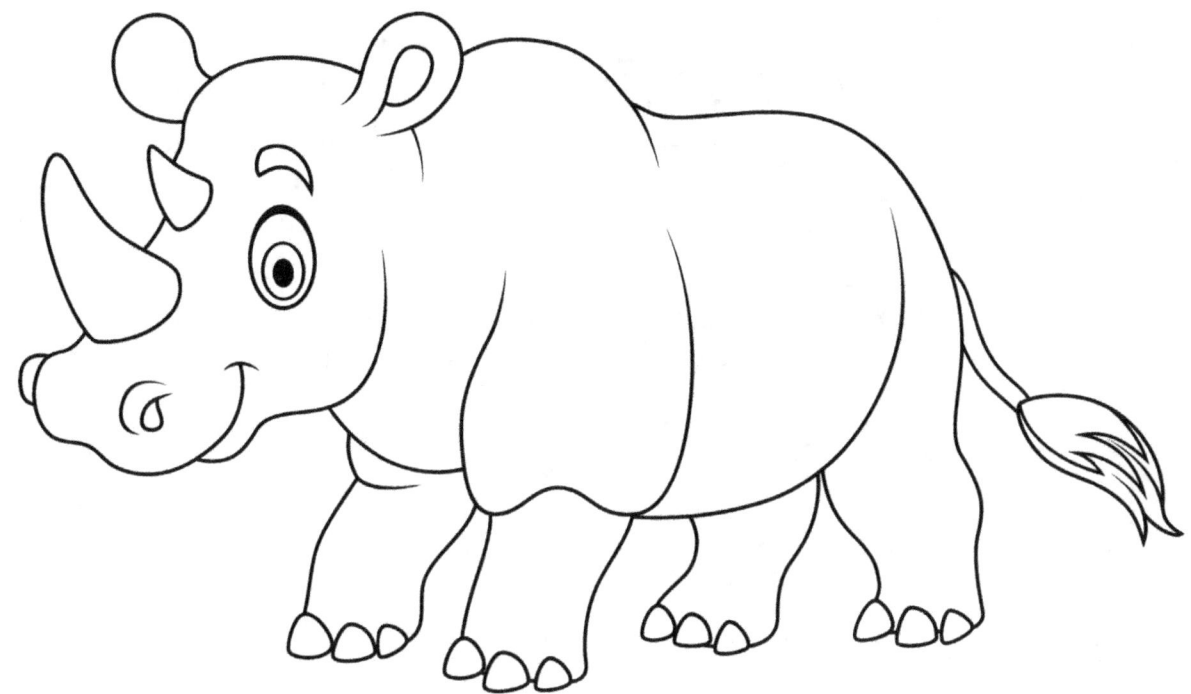

Nosorożec

Nosorożec

Robô

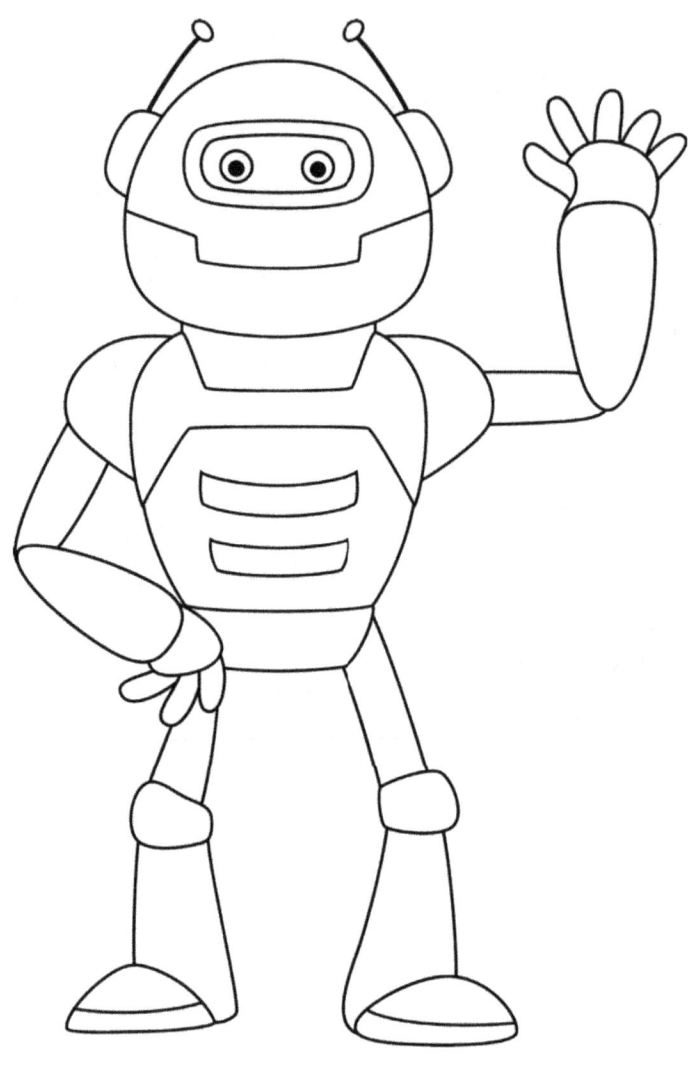

Robot

Robot

Tigre

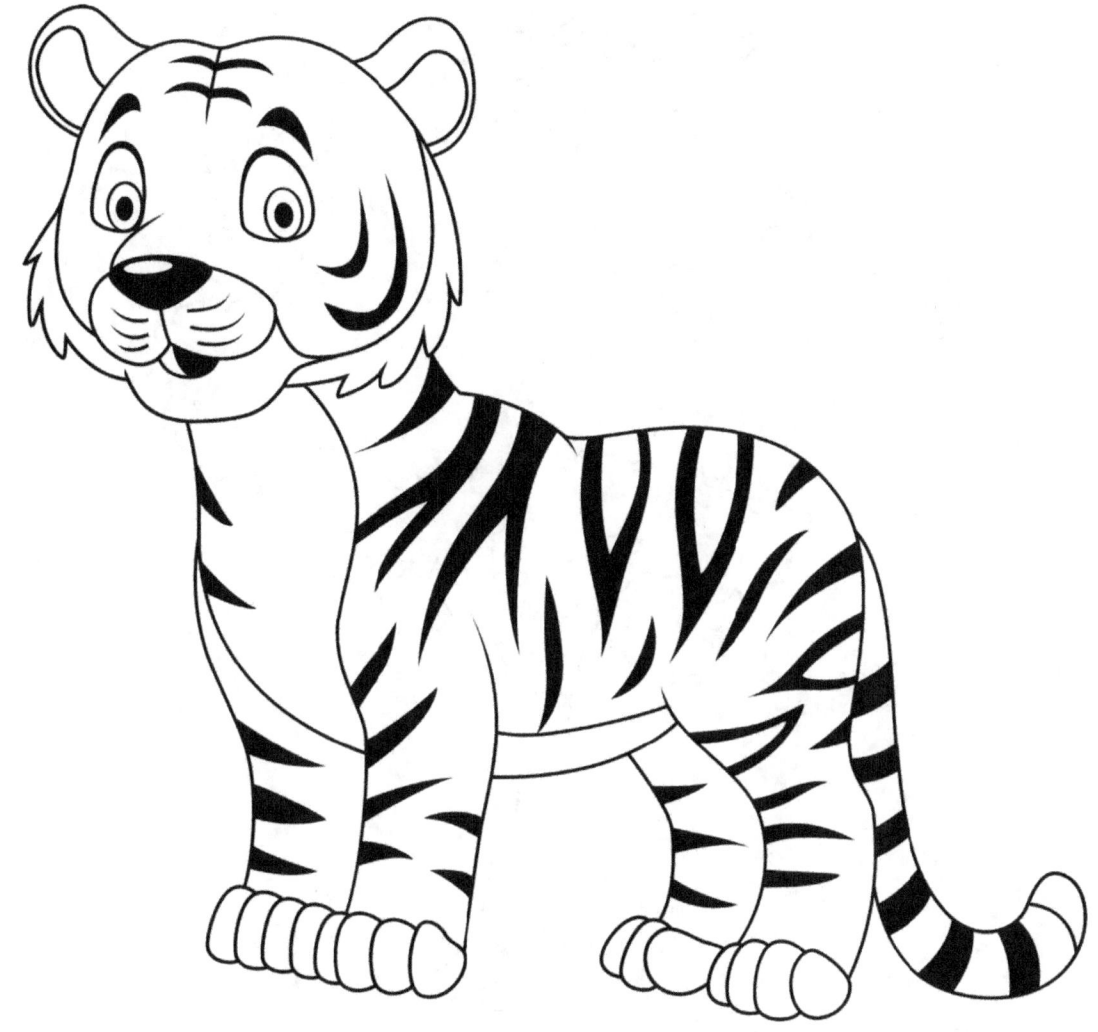

Tygrys

Tygrys

Árvore

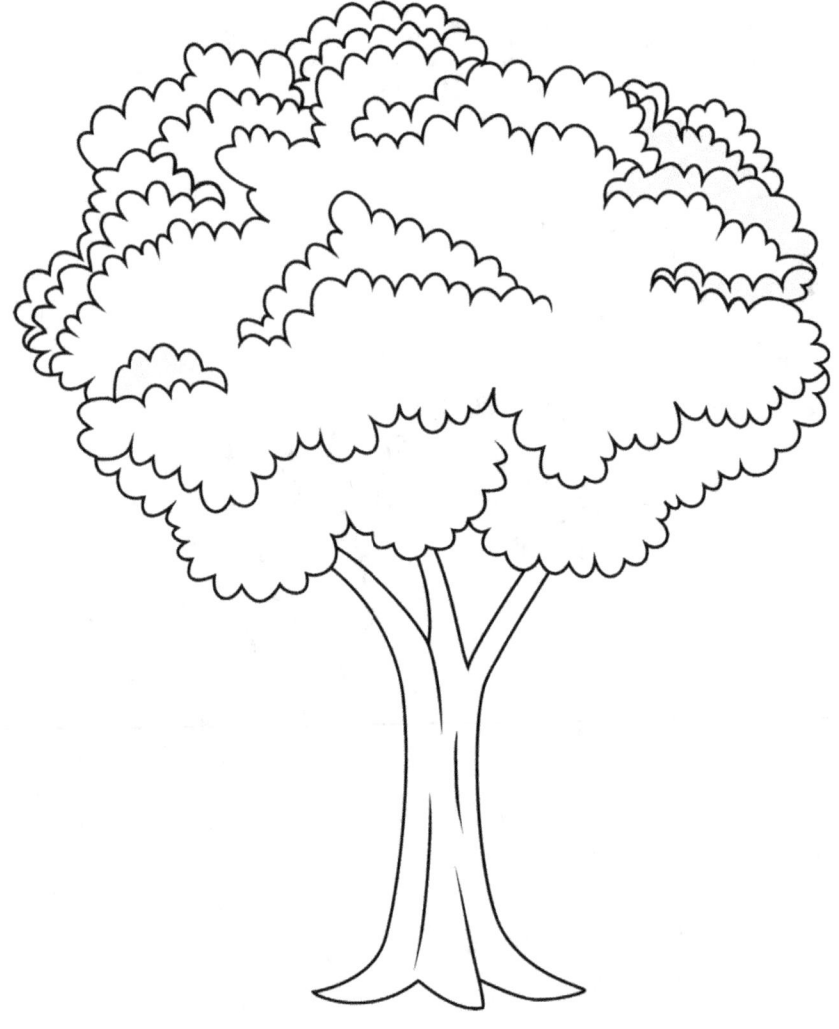

Drzewo

Drzewo
_____
_____
_____

Rinoceronte

Nos__ożec

Robô

Rob__

Tigre

_y_rys

Árvore

_rz_wo

Guarda-chuva

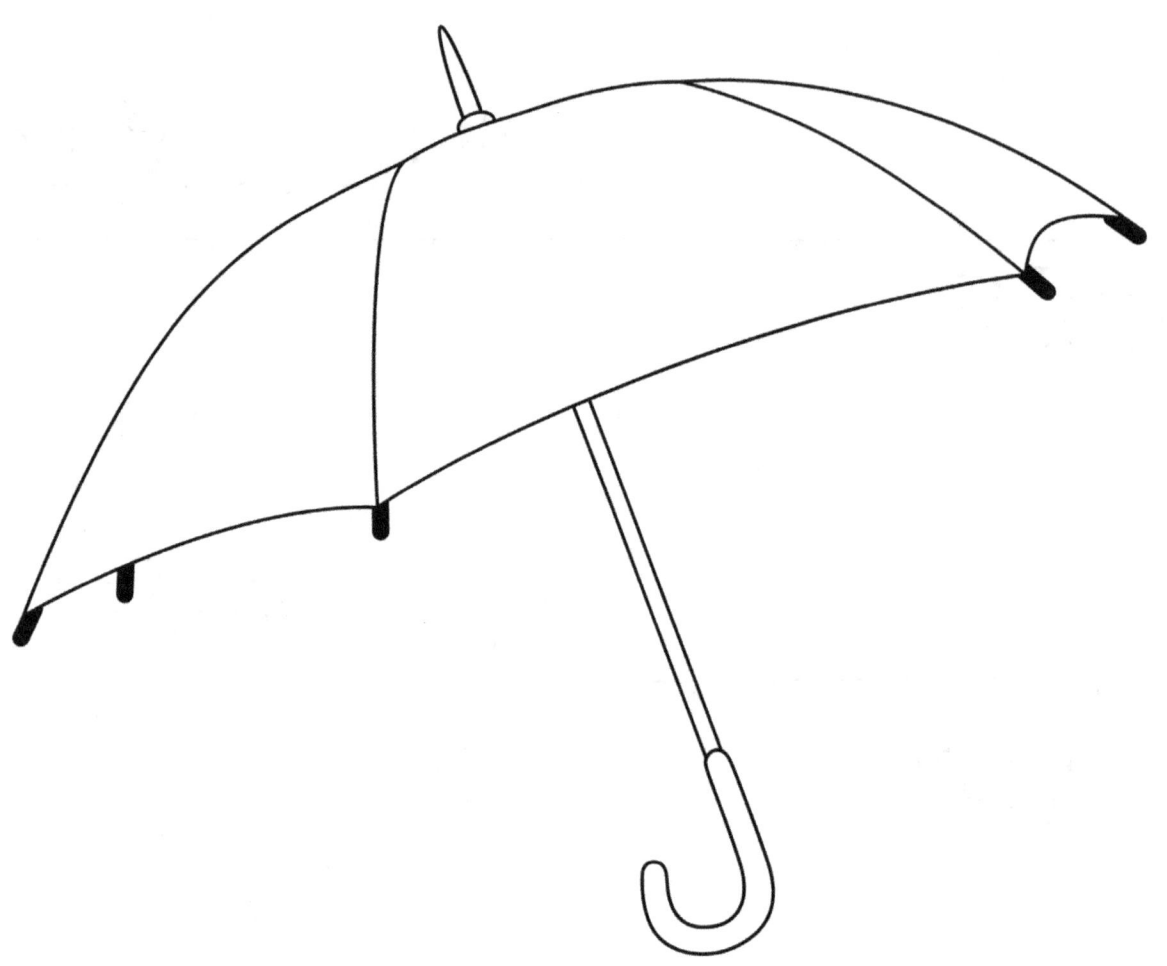

Parasol

Parasol
_____
_____
_____

Ouriço-do-mar

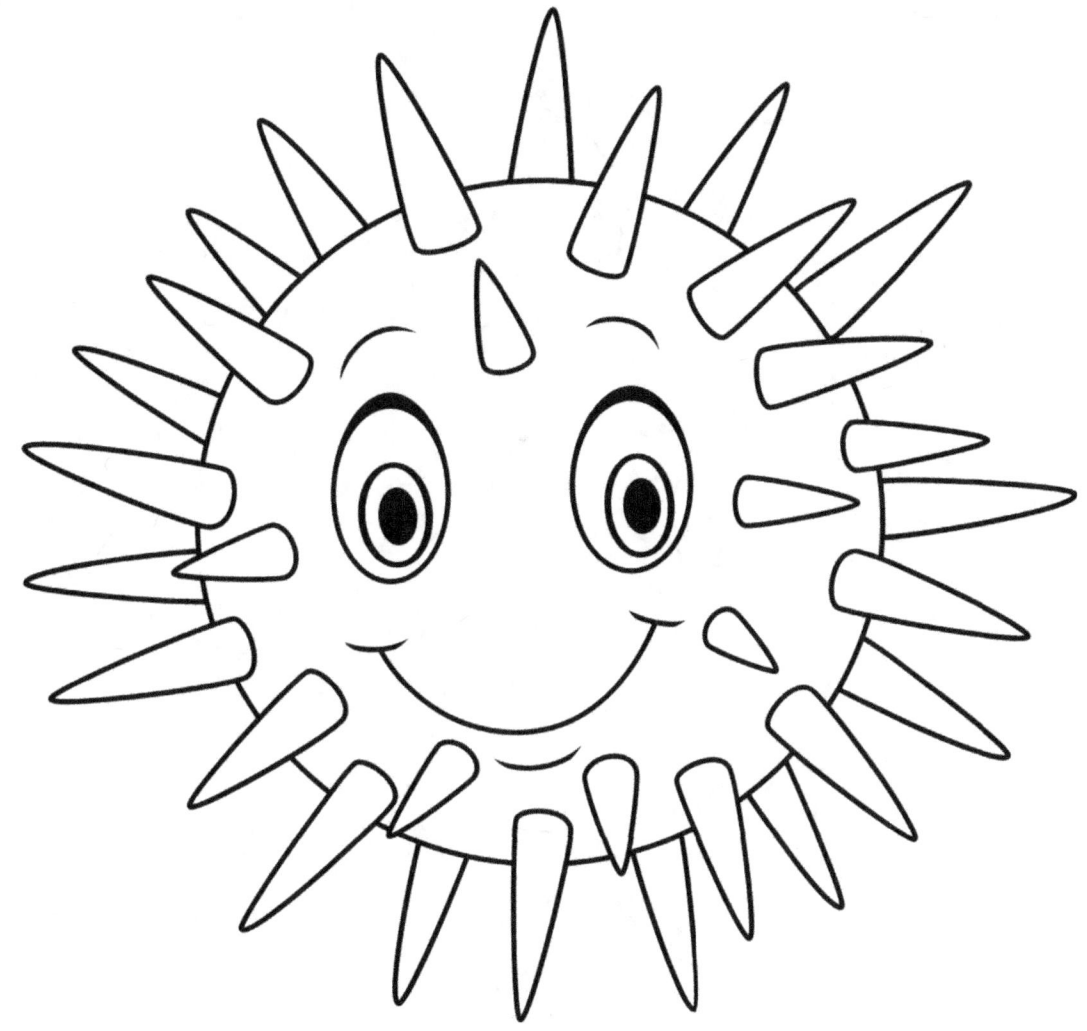

Jeżowiec

Jeżowiec

Sol

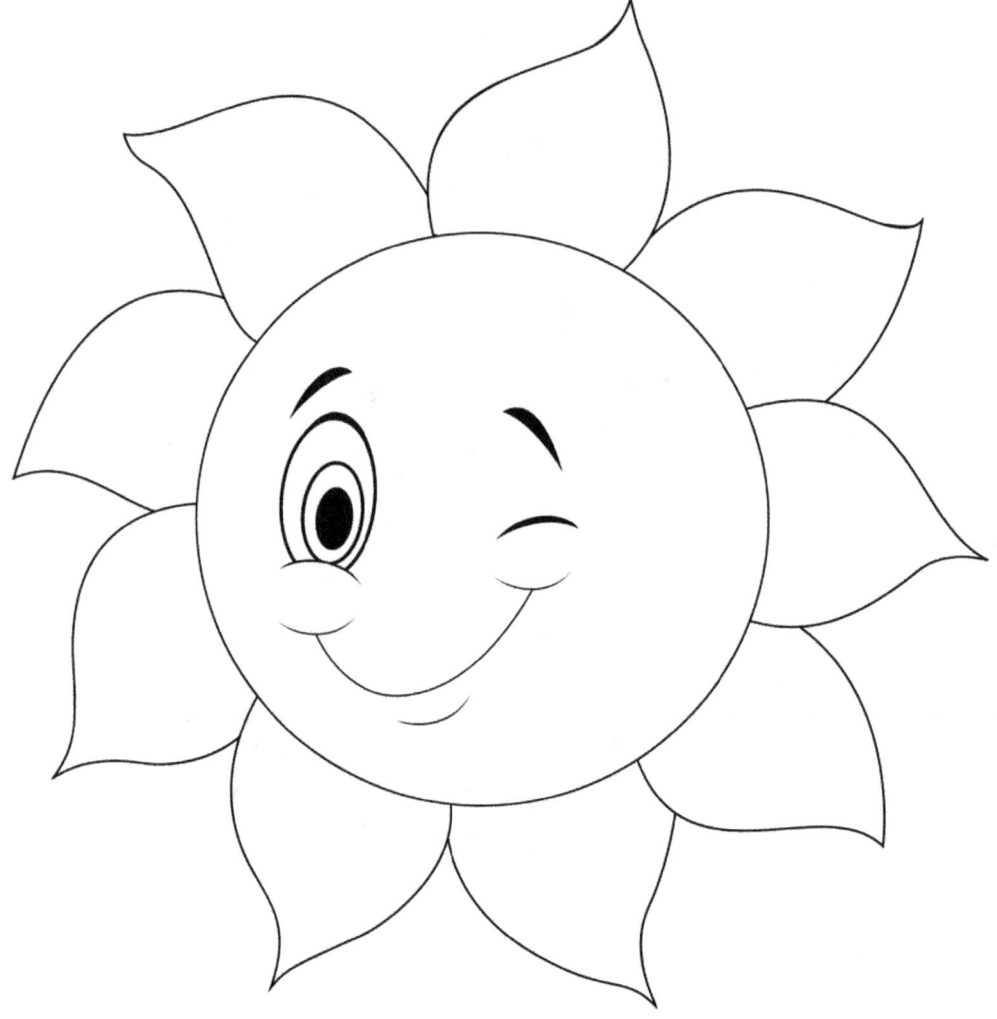

Słońce

Słońce

Vegetal

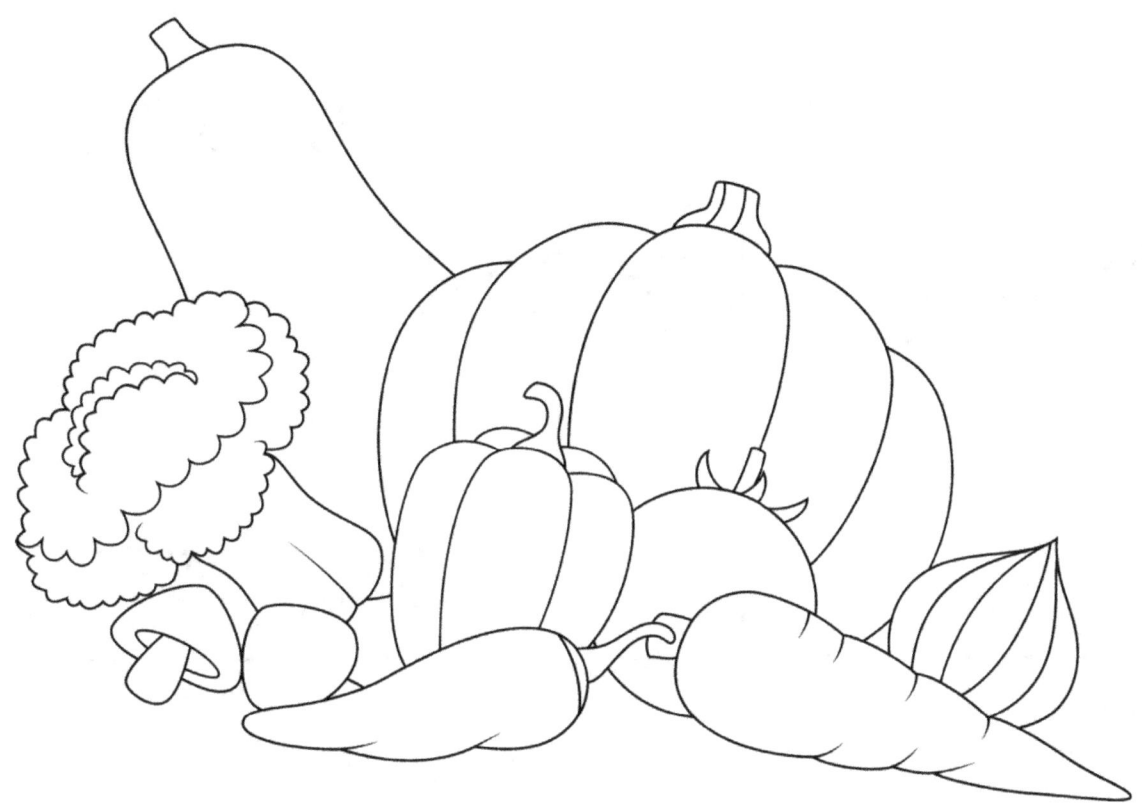

Warzywo

Warzywo

Guarda-chuva

P_r_sol

Ouriço-do-mar

Je__wiec

Sol

_ł_ńce

Vegetal

Wa_z_wo

Vulcão

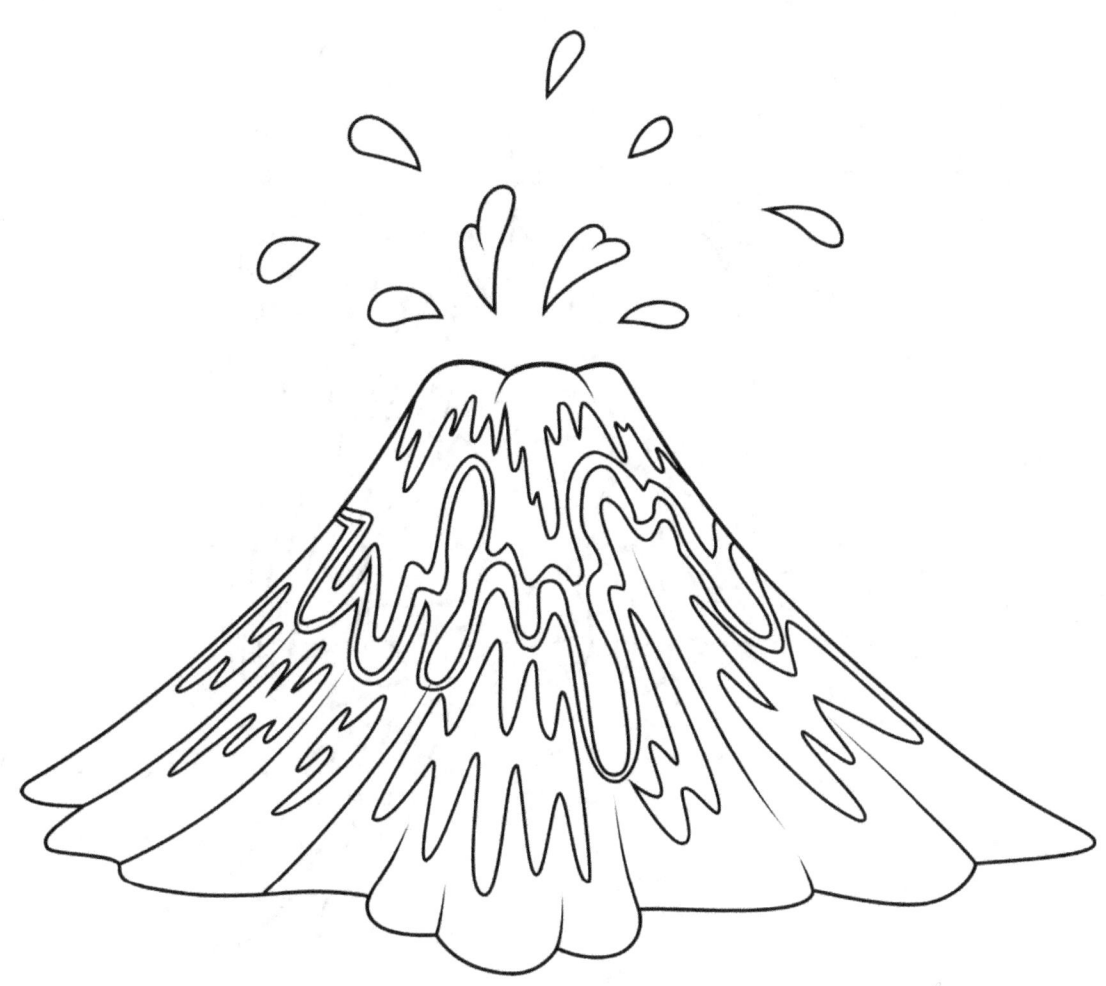

Wulkan

Wulkan

Abutre

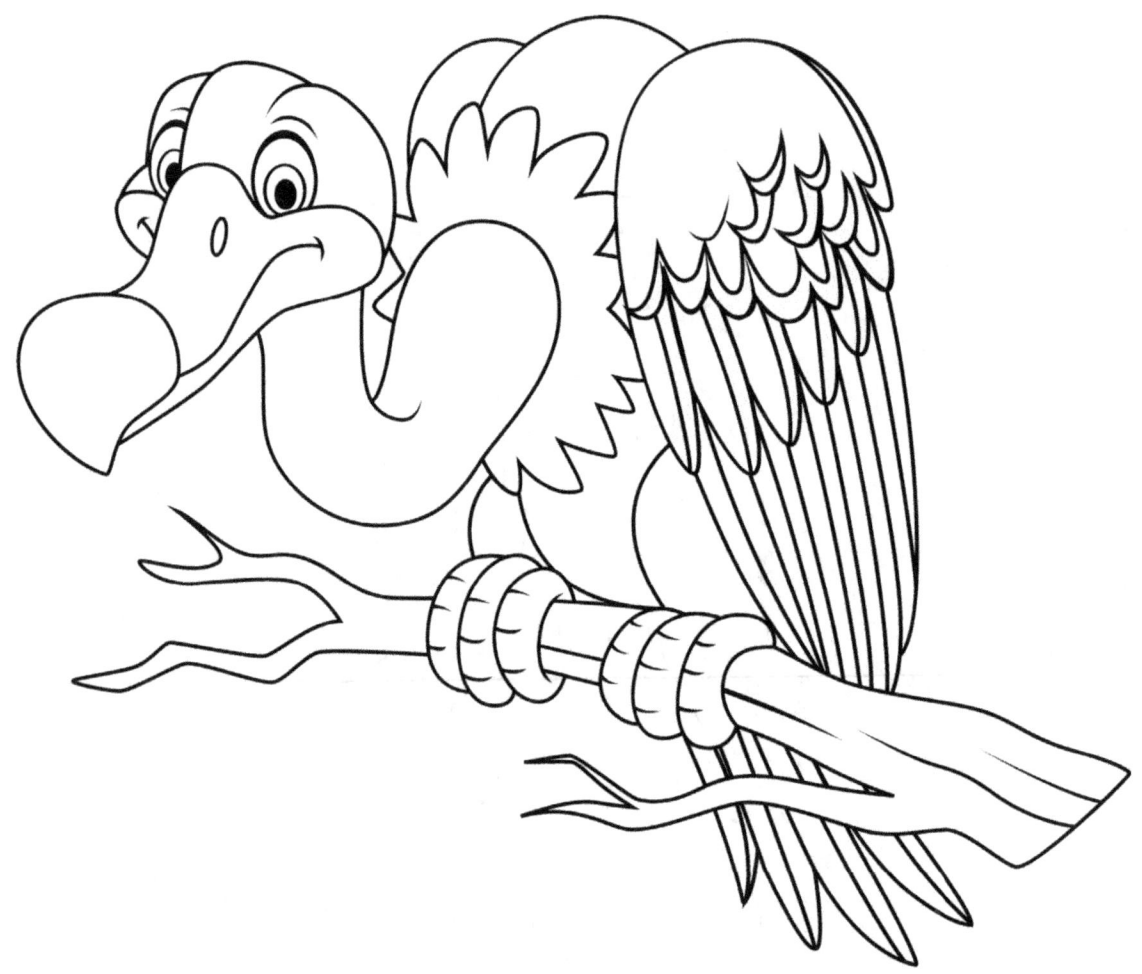

Sep

Sep

Melancia

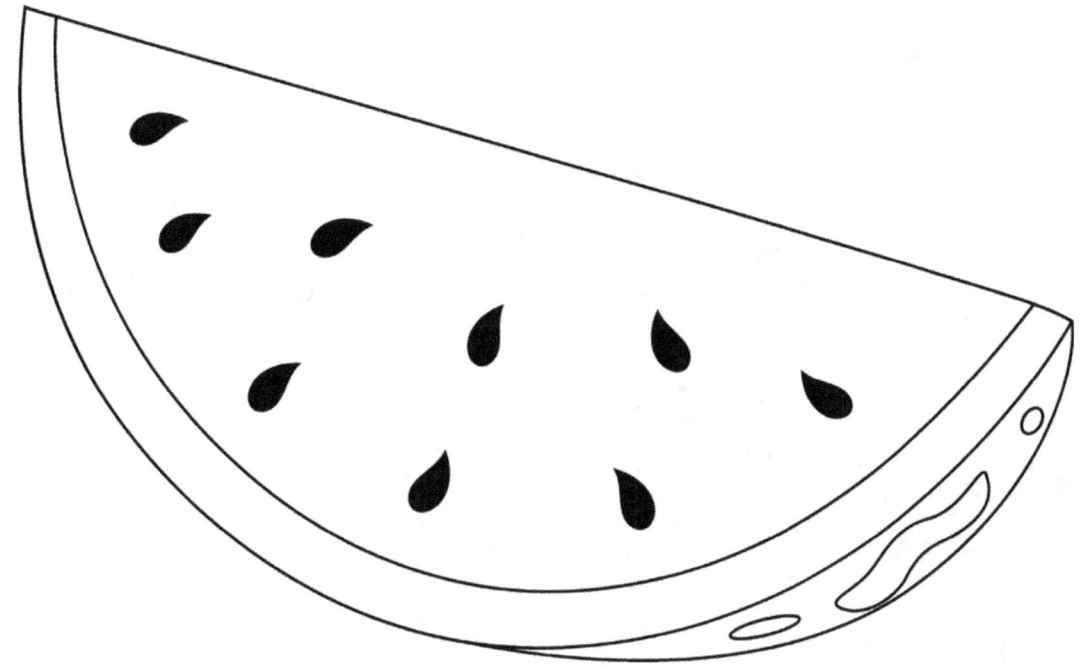

Arbuz

Arbuz

Baleia

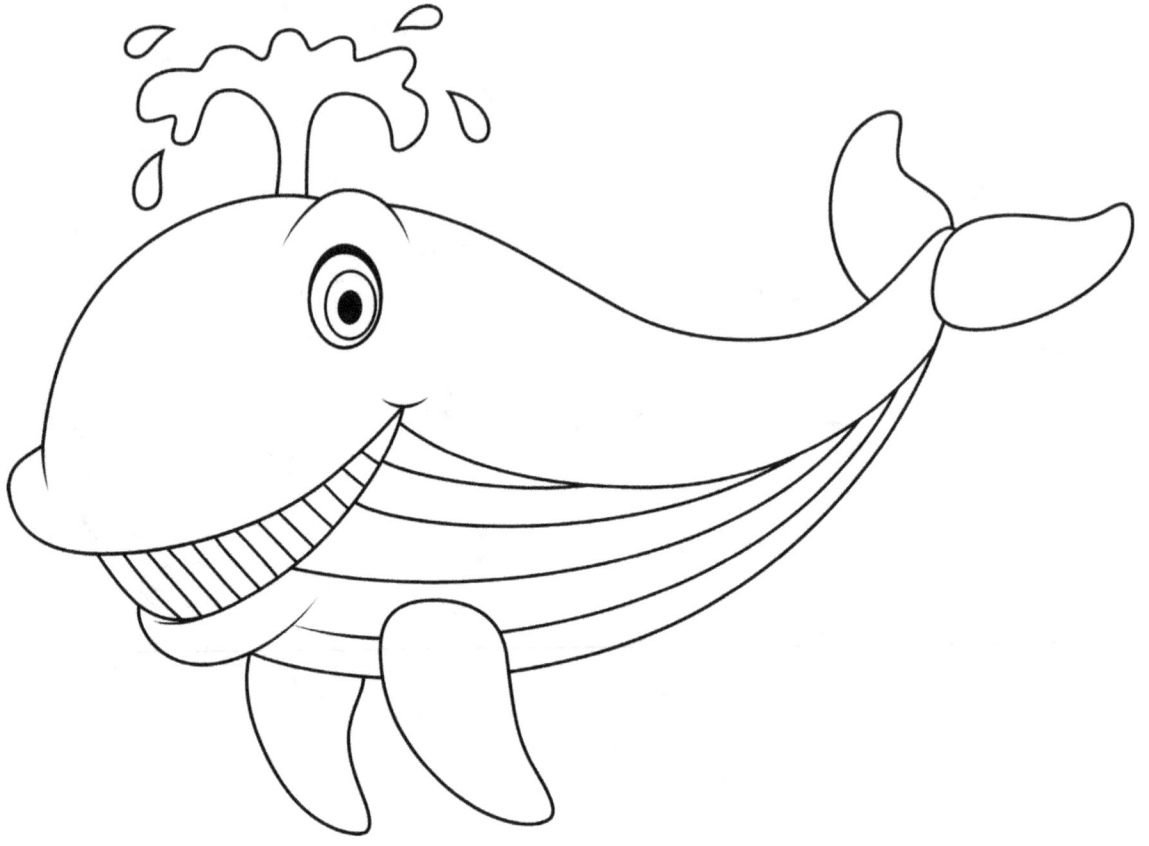

Wieloryb

Wieloryb

Vulcão

_ul_an

Abutre

__p

Melancia

_rb_z

Baleia

_ieloryb

Janela

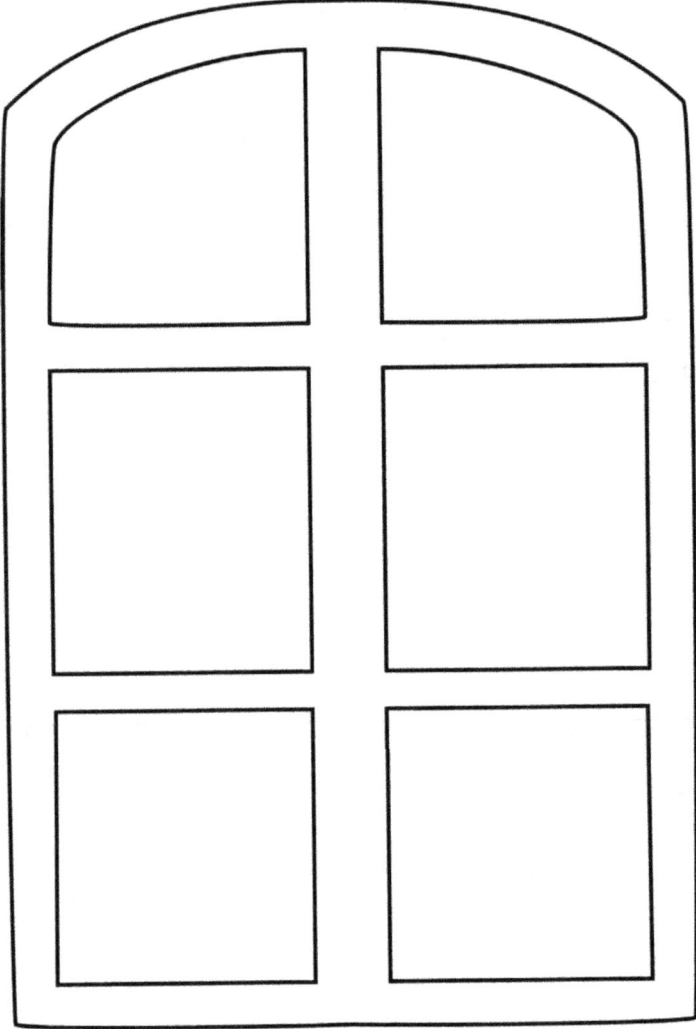

Okno

Okno

Xilofone

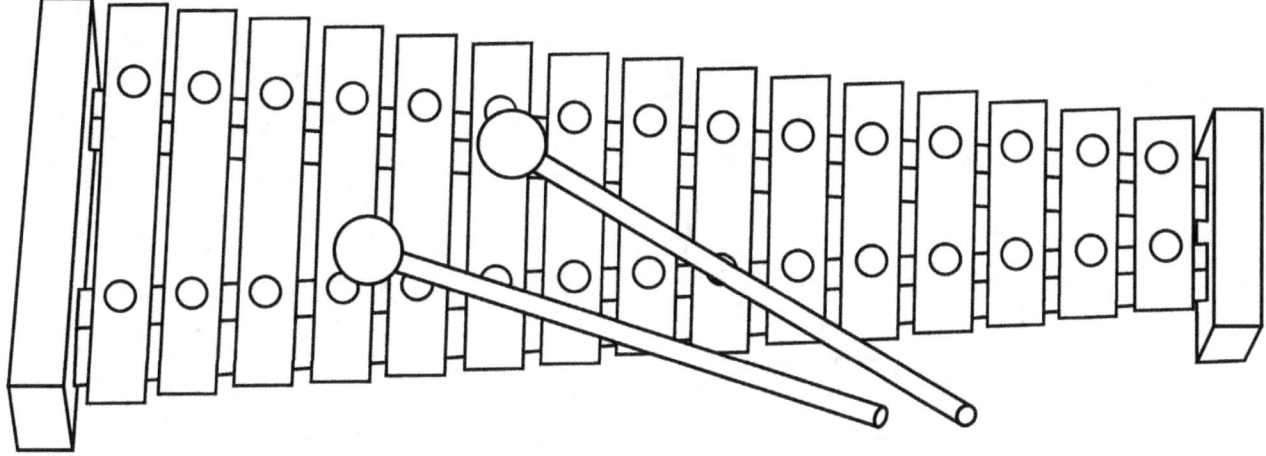

Ksylofon

Ksylofon

Veleiro

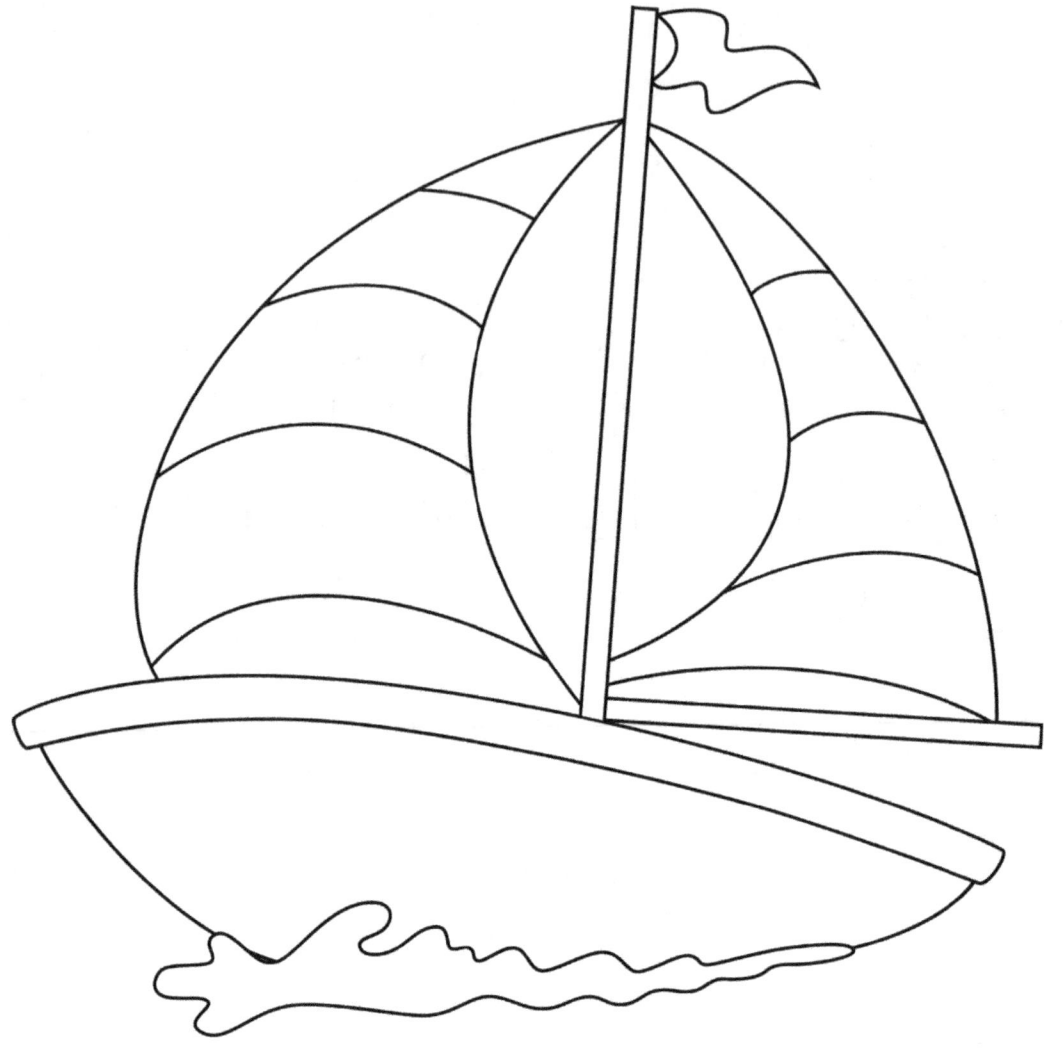

Statek żaglowy

Statek żaglowy
_____
_____

Boneco

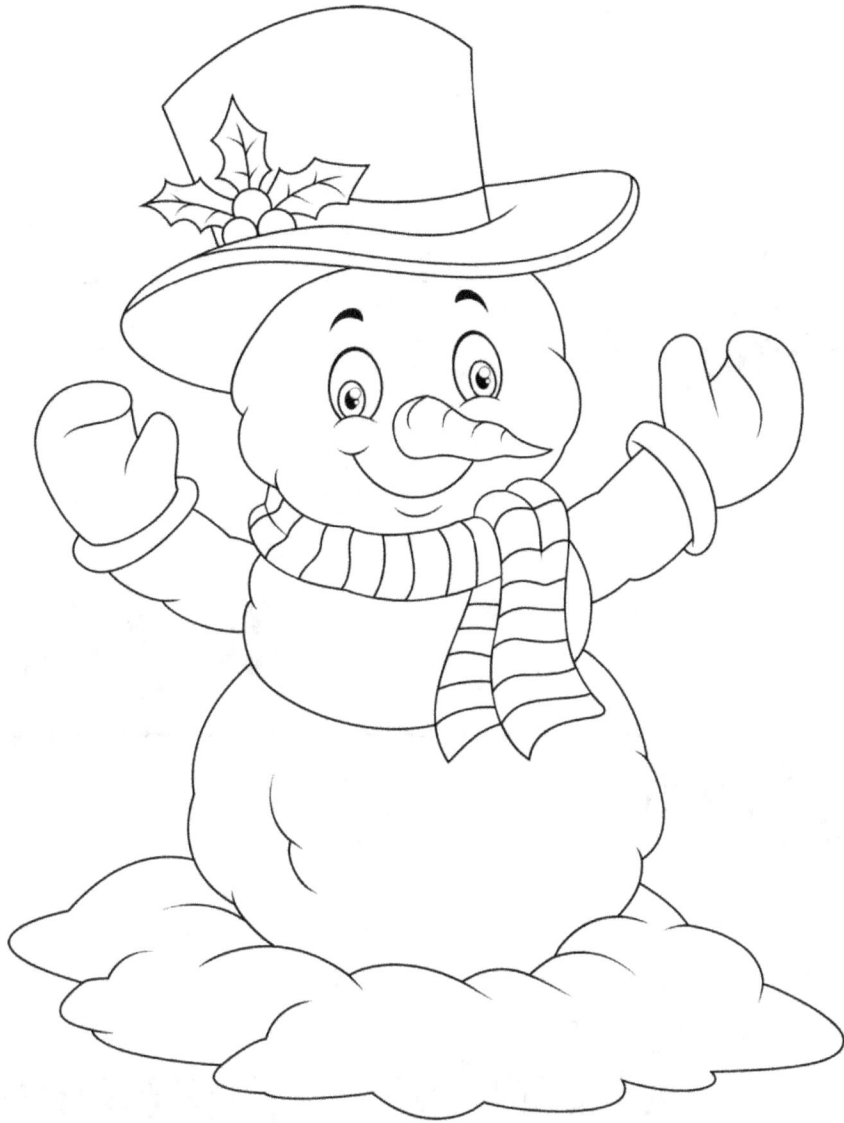

Bałwan

Bałwan

Janela

__no

Xilofone

K_ylofo_

Veleiro

State_ żaglow_

Boneco

B__wan

Iogurte

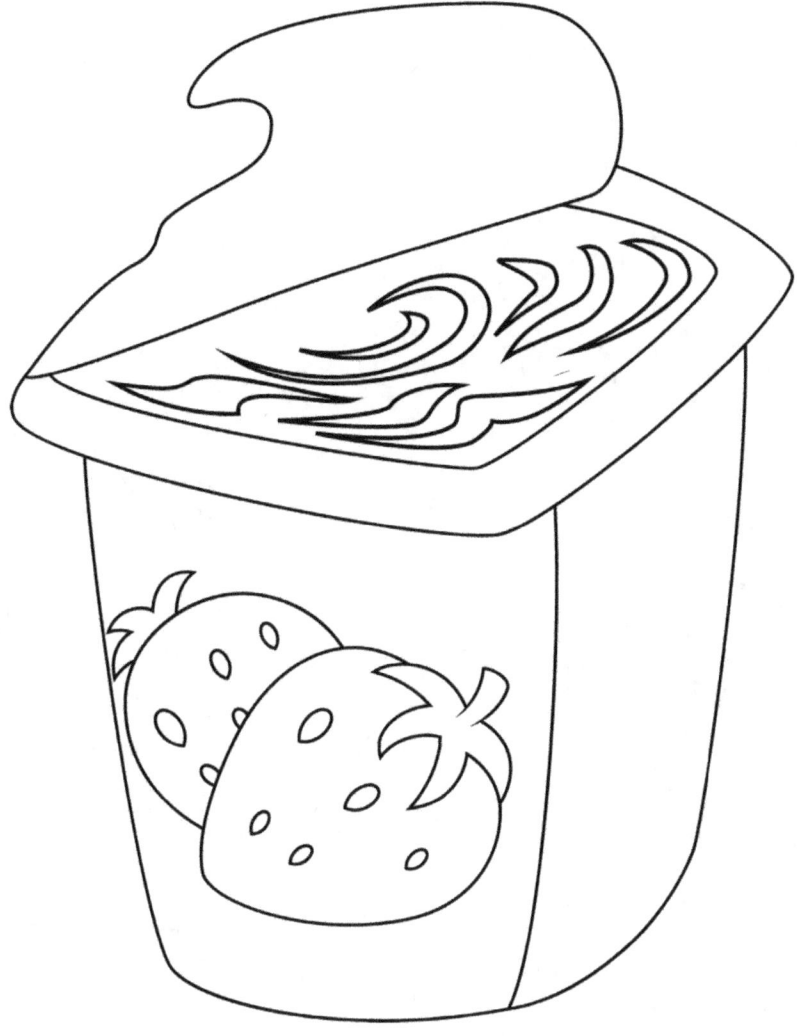

Jogurt

Jogurt

Galinha

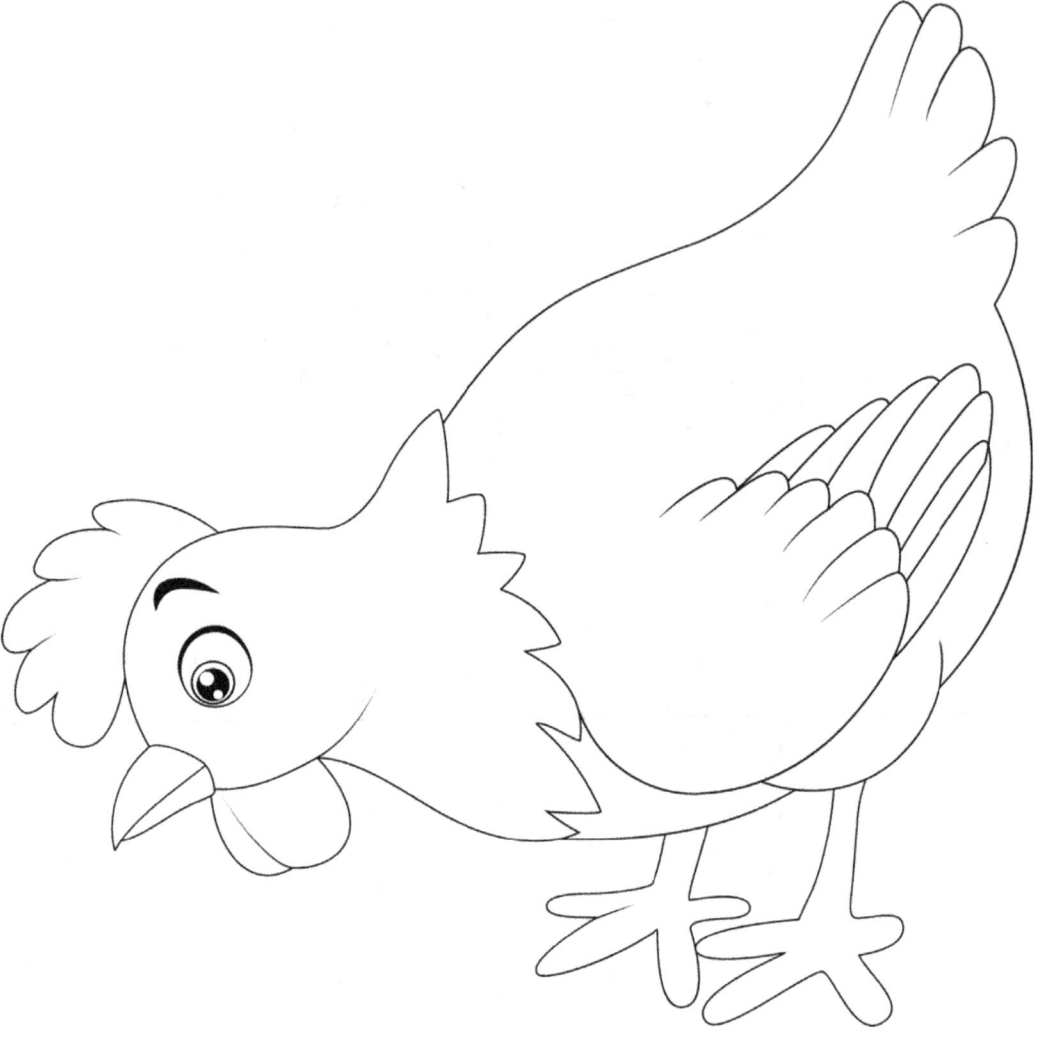

Kurczak

Kurczak
_____
_____
_____

Chave

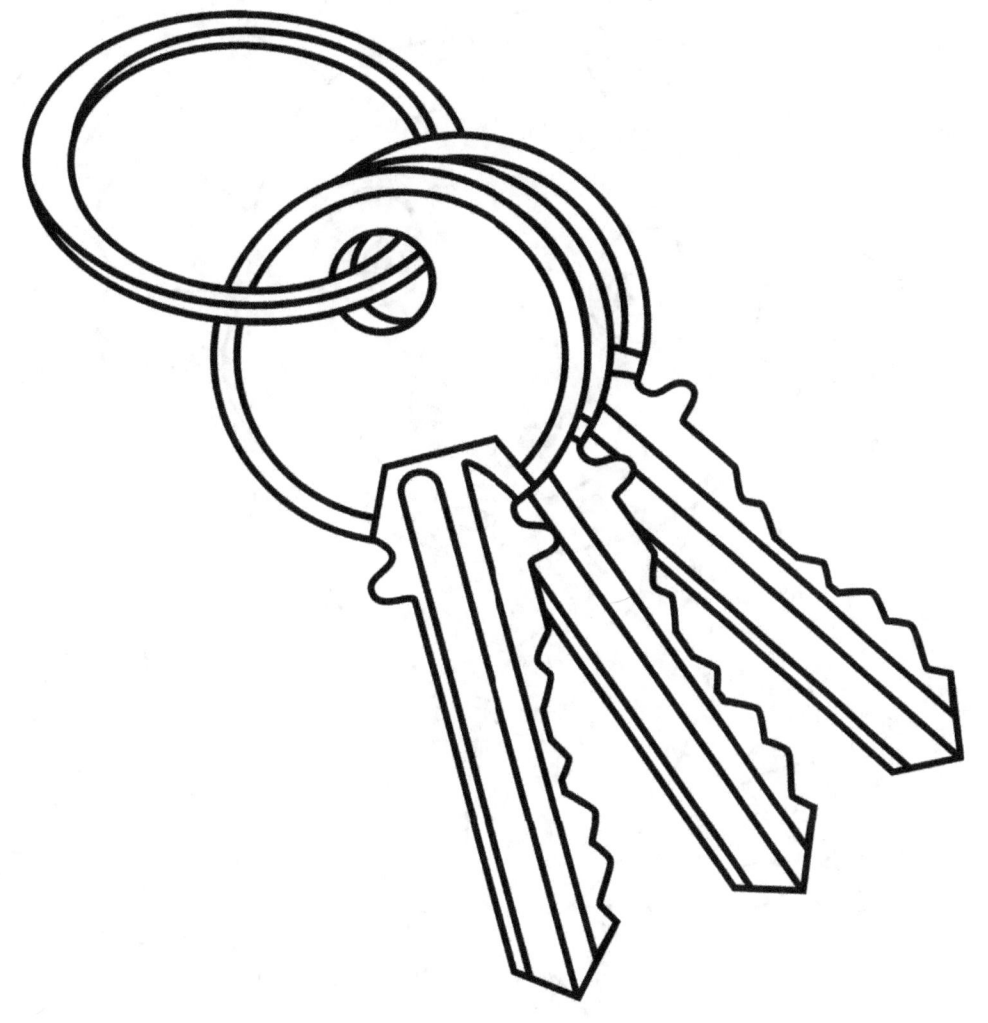

Klucz

Klucz

Coala

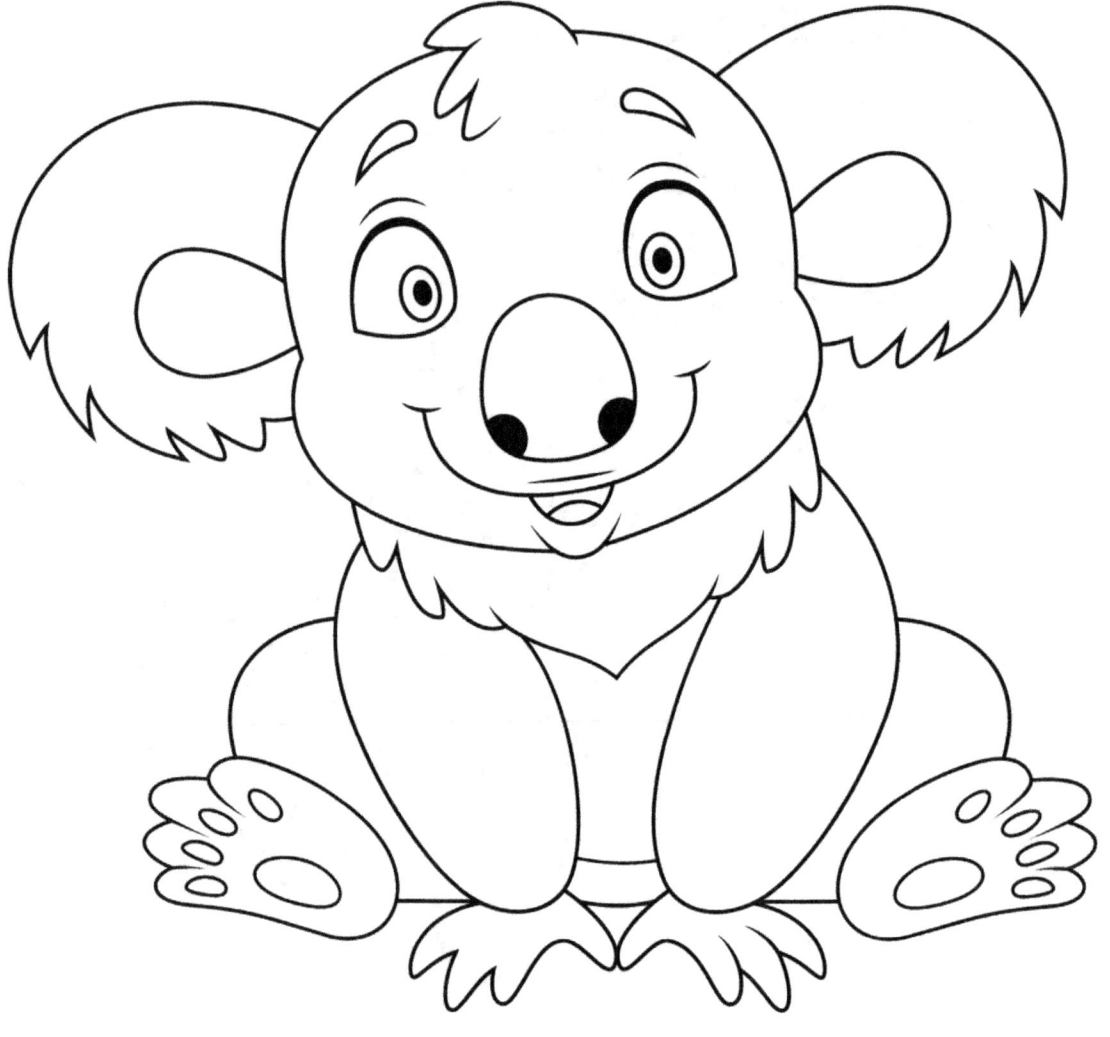

Koala

Koala
_____
_____
_____

Iogurte

J_gurt

Galinha

Ku_cza_

Chave

Klu__

Coala

Koa_a

Formiga	-
Maçã	-
Astronauta	-
Banana	-
Urso	-
Livro	-
Carro	-
Gata	-
Milho	-
Cachorro	-
Rosquinha	-
Tambor	-
Caracol	-
Zebra	-
Elefante	-
Peixe	-

Flor	-
Raposa	-
Girafa	-
Óculos	-
Uva	-
Hambúrguer	-
Hipopótamo	-
Casa	-
Sorvete	-
Iguana	-
Pato	-
Jaguar	-
Geléia	-
Água-viva	-
Zepelim	-
Kiwi	-
Morango	-

Folhas	-
Lâmpada	-
Leão	-
Macaco	-
Rato	-
Mata-moscas	-
Prego	-
Cavalo	-
Noz	-
Polvo	-
Laranja	-
Coruja	-
Caneta	-
Torta	-
Porco	-
Pássaro	-
Rainha	-

Pena	-
Coelho	-
Rinoceronte	-
Robô	-
Tigre	-
Árvore	-
Guarda-chuva	-
Ouriço-do-mar	-
Sol	-
Vegetal	-
Vulcão	-
Abutre	-
Melancia	-
Baleia	-
Janela	-
Xilofone	-
Veleiro	-

Boneco	-
Iogurte	-
Galinha	-
Chave	-
Coala	-

© nerdMedia 2018

This work, including all its parts, is protected by copyright. Any use is not permitted without the author's consent. This applies in particular to copying, translation, storage and processing in electronic systems. Contact: Dirk Kolodziej/Peppermühl 9/48249 Dülmen/Germany info4us@nerdmedia.eu Cover design: nerdMedia Cover photo: depositphotos.com - Print Output Black & White: Amazon Media EU S.Ã .r.l./5 Rue Plaetis/L-2338 Luxembourg

www.ingramcontent.com/pod-product-compliance
Lightning Source LLC
Chambersburg PA
CBHW062331220526
45469CB00008B/2676